Fidalma Malferà

Particolare della pianta Baratta del 1629. La chiesa dei Santi Apostoli è indicata con il numero 148, a destra si vede la Casa dei Teatini, in costruzione

La Casa dei Teatini e la Chiesa dei Santi Apostoli a Napoli

Dalle origini del sito ad oggi

Dedico questo mio saggio ai miei figli adorati:
Maria Federica, Gabriella e Alessandro Luciano

La Casa dei Teatini e la Chiesa dei Santi Apostoli a Napoli

Dalle origini del sito ad oggi

- 1. Lineamenti dello sviluppo urbano

- 2. La fondazione Teatina

  - 2.1 Origine del sito

  - 2.2 Lo sviluppo in età moderna

  - 2.3 Il progetto dell'architetto teatino Francesco Grimaldi (1610)

  - 2.4 La chiesa dei Santi Apostoli: le opere d'arte

  - 2.5 Il convento dei Santi Apostoli: stratificazioni stradali e architettoniche

- 3. La struttura ecclesiastica attraverso la cartografia storica

- 4. La soppressione del convento e la destinazione a Reale Manifattura Tabacchi

- 5. L'istituzione del Liceo Artistico

- 6. Immagini/ Architettura

  Appendice documentaria

  Bibliografia

1. Lineamenti dello sviluppo urbano

Napoli sorge al centro dell'omonimo golfo e la forma dell'aggregato urbano fu in ogni tempo condizionata dalla complessa situazione geomorfologica: le colline del Vomero, di Capodimonte e Posillipo, quella più vicina al mare detta monte Echia e i corsi d'acqua a carattere torrentizio che da queste alture scendevano formando profondi valloni e spesso vaste zone paludose. Oggi tutto questo è riscontrabile nella complessità del tracciato viario (strade in ripida salita o a scalinate, trafori ecc.).

Il nucleo abitato più antico sorge sul monte Echia, un'altura di origine vulcanica dove oggi è Pizzofalcone. I colonizzatori greci che nel VII secolo a.C. fondarono su questa collina Parthenope, la scelsero per le particolari caratteristiche di difendibilità e si affacciava per tre lati sul mare, con pareti a picco; era separata dall'entroterra da un vallone (l'attuale via Chiaia) e di vicinanza al porto, situato ai margini dell'attuale Piazza Municipio nei pressi della quale sfociava uno dei torrenti provenienti dalle colline settentrionali. Niente resta dell'antica Parthenope, se non qualche tomba della necropoli scoperta di via Nicotera, oltre il vallone sulla collina delle Mortelle.[1]

Dopo la vittoria sugli Etruschi[2] la potenza greca si rafforzò e non potendo espandere Parthenope per gli stessi motivi che la rendevano difendibile, sorse in contrapposizione all'antica la nuova città, la Neapolis, e con essa il toponimo urbano: Napoli. Questa si sviluppò su un'altura in declivio verso il mare con il punto più in alto, l'acropoli, nella zona che diverrà poi Caponapoli. Una prima espansione entro le mura fu attuata secondo un'esemplare sistemazione urbana, conservata tutt'oggi, articolate lungo tre decumani, orientati da est a ovest, modularmente scanditi su 125 piedi cubici (37 metri) da una serie di cardini orientati da nord a sud.

Napoli con i Romani si trasforma gradualmente da città mercantile in città degli *otia* e si arricchisce di splendide ville a Posillipo e sul monte Echia dove sorgerà la villa di Lucullo (poi trasformata in fortezza). La città subisce comunque una notevole espansione. Già nel IV secolo a.C., per motivi difensivi, le mura erano state ampliate sul lato occidentale, di cui sono visibili alcuni resti a cielo aperto in Piazza Bellini.

I resti monumentali più cospicui della Napoli greco-romana sono quelli del tempio dei Dioscuri (su cui verrà impostata la chiesa di San Paolo

---

[1] Touring Club Italiano (d'ora innanzi T.C.I), *Napoli e dintorni*, Milano 2005, pp. 39 e segg.
[2] Nella Battaglia di Cuma, nel 474 a.C i coloni greci, alleati a Gerone siracusano, vinsero, per mare, gli Etruschi.

Maggiore), del Macellum (su cui sarà costruito il complesso di San Lorenzo Maggiore) e quelli imponenti, anche se inglobati in edifici civili di età medioevale e moderna, del Teatro, oltre ai complessi termali del Carminiello ai Mannesi e di Santa Chiara. In età imperiale la città, sicura della pace, si sviluppa fuori le mura senza sentire il bisogno di nuove strutture difensive, in direzione sud e sud-ovest. A testimonianza di quanto riportano le fonti, scavi archeologici effettuati nel 1983 in via Santa Sofia e nel secolo scorso, nella zona dei Gradini dei Santi Apostoli, hanno portato in luce diverse tombe che stanno ad indicare la vicinanza alla necropoli che si estendeva fuori le mura tra il IV ed il III secolo a.C.[3] Lo scavo è sceso fino a circa m.5 al di sotto dell'attuale piano stradale. Il primo deposito di materiale è del XVII-XVIII secolo, al di sotto uno strato di resti post-medioevali, e di seguito un riempimento di oltre un metro composto da vari strati, databili sulla base di una ricca serie di reperti (anfore, lucerne, un asse di Augusto, intonaci dipinti, ecc.), ad età claudia. Questi strati riempivano e coprivano una cisterna, sempre d'epoca imperiale. «Sulla carta archeologica redatta a seguito dei rilevamenti eseguiti dalla SACIF nel 1975 e dalla STR nel1980, per conto del Comune di Napoli,

---

[3] E.Pozzi, *Saggi a Santa Sofia* in *Napoli antica*, Napoli 1985, p.425

vengono indicati i rilievi delle strutture archeologiche esistenti e di quelle scomparse ma documentate.».[4]

Carta archeologica della città antica, delineata dalla cinta muraria. Tratto da: *Napoli antica*, catalogo a cura di Enrica Pozzi, della mostra al Museo Archeologico Nazionale, 26 settembre1985-15 aprile 1986, pag.450

---

[4] Idem, p.420

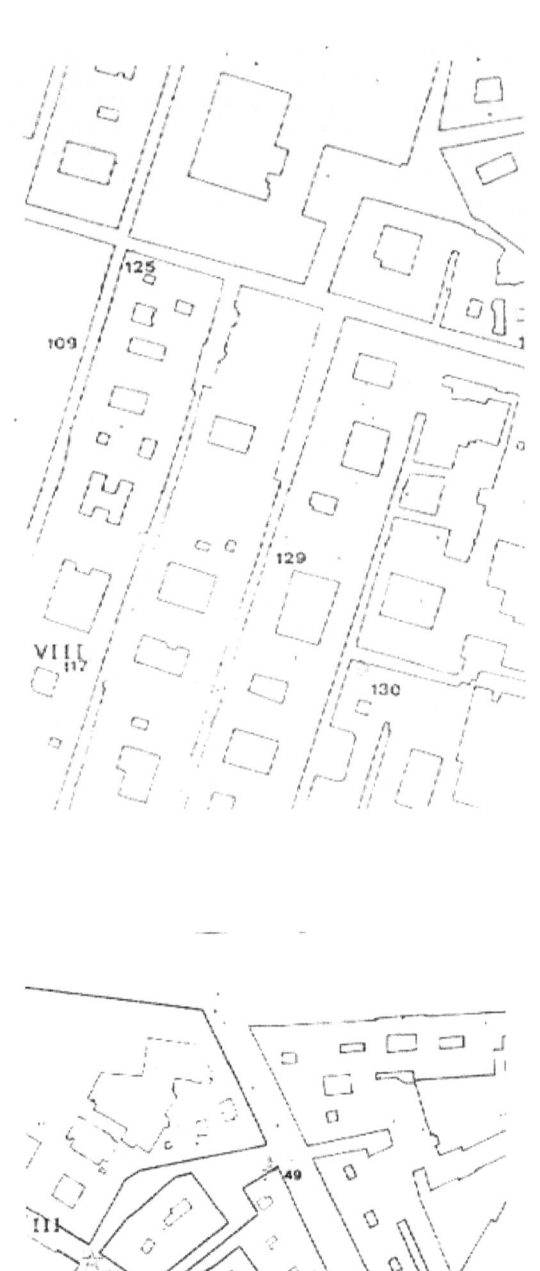

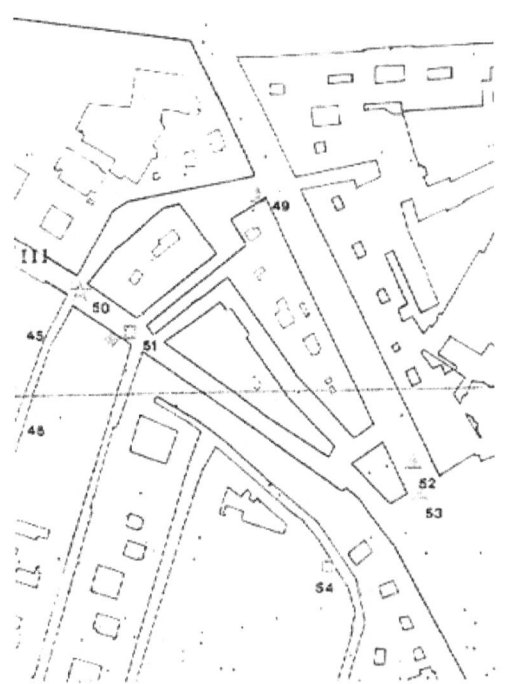

Particolari della carta archeologica: contrassegnato con il n. 125 l'angolo di edificio tra vico Sedil Capuano e via Santi Apostoli dove vi è una colonna di granito reimpiegata. Nel particolare successivo al n.54, vico Campanile ai Santi Apostoli, vi sono strutture in blocchi di tufo d'epoca imperiale. Tratto da: *Napoli antica*, catalogo a cura di Enrica Pozzi, della mostra al Museo Archeologico Nazionale, 26 settembre1985-15 aprile 1986,

Colonna di granito all'angolo via Santi Apostoli e via Sedil Capuano (Giugno 2010)

In età paleocristiana, sotto la minaccia delle invasioni barbariche interi quartieri *extra moenia* vengono abbandonati e nuove mura sono erette a occidente nel 440.

Nella prima età cristiana si pongono le premesse per lo sviluppo di uno dei principali borghi extra urbani a nord, quello dei Vergini; infatti, nelle valli dei Vergini e della Sanità, già sedi di necropoli greche e romane, si sviluppano le catacombe di San Gennaro, di San Gaudioso e di San Severo; presso le prime, luogo di sepoltura del martire Gennaro, sarà edificata la Basilica di San Gennaro *extra moenia.*

Oltre le catacombe le principali e più antiche testimonianze del cristianesimo a Napoli sono le basiliche (in gran parte distrutte o ricostruite) e il Battistero.

Tra le basiliche ben conservata è Santa Restituta, di fondazione costantiniana, a cinque navate con una sola abside. Essa è il primo nucleo dell'*insula episcopalis* comprendente una seconda cattedrale fatta costruire dal vescovo Stefano I, e per questo detta Stefania, sul sito di una più antica. Si tratta quindi di un organismo di doppia cattedrale documentato anche altrove e spiegato con precise necessità liturgiche: una chiesa per le liturgie festive (Santa Restituta) e una per quelle feriali (la Stefania); tra le due basiliche parallele era interposto il battistero di San Giovanni in Fontes databile al tempo del vescovo Severo, con struttura a cupola. Tra il IV e il VI secolo si svolse un'intensa attività edilizia con la fondazione di numerosi complessi. Tra le strutture superstiti, fortemente trasformate nel corso dei secoli, sono le basiliche di San Giorgio Maggiore (in cui si conserva un'abside traforata di origine medio - orientale) e di San Giovanni Maggiore (abside traforata con arcate binate, inquadrata da colonne), completamente rifatte sono Santa Maria Maggiore e i Santi Apostoli.[5]

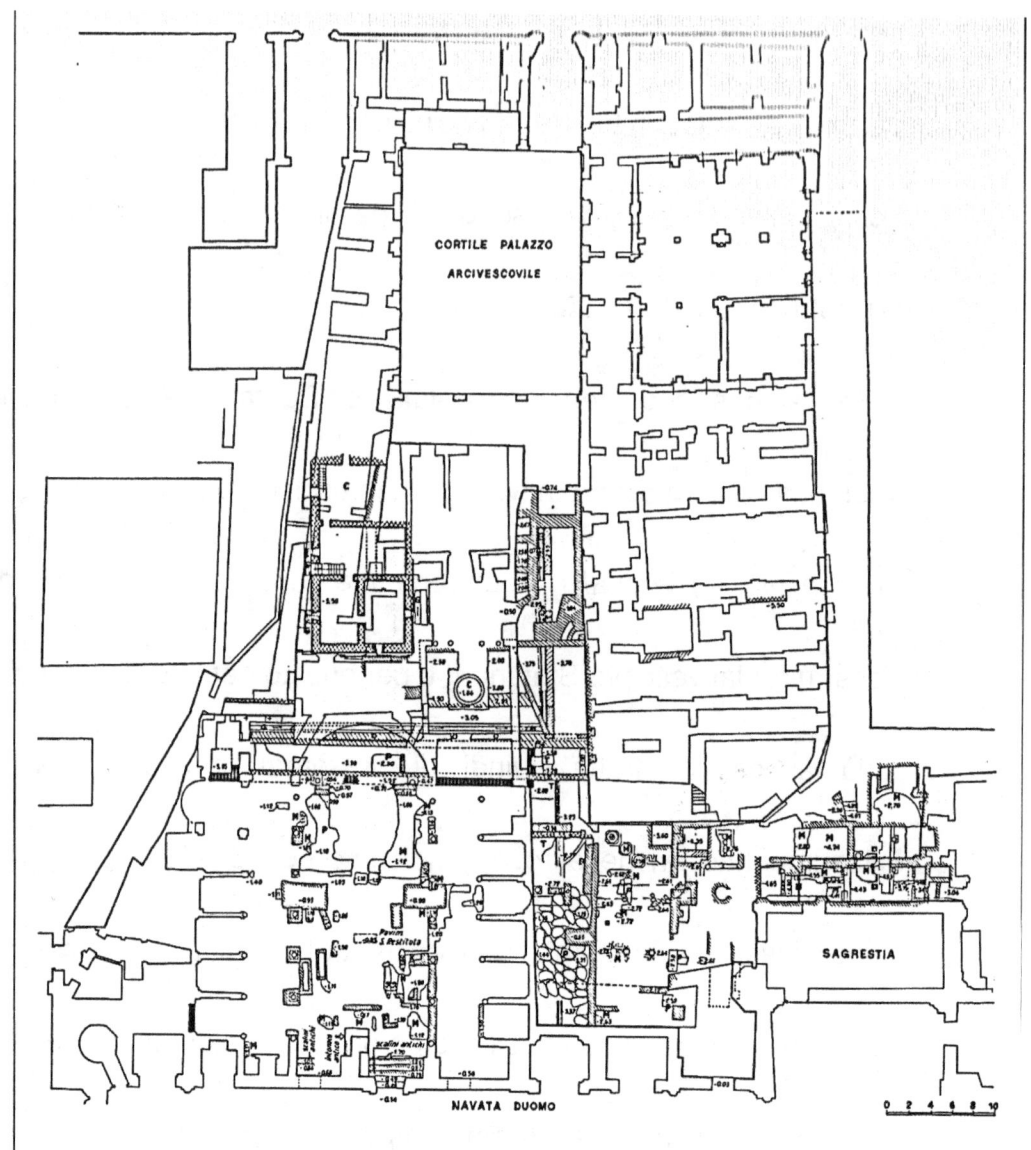

Planimetria dell'«insula» del complesso episcopale di Napoli.

(Tratto da *Storia e civiltà della Campania*, v.II, p.166 a cura di Giovanni Pugliesi Carratelli)

---

[5] T.C.I., *op.cit.* p.41

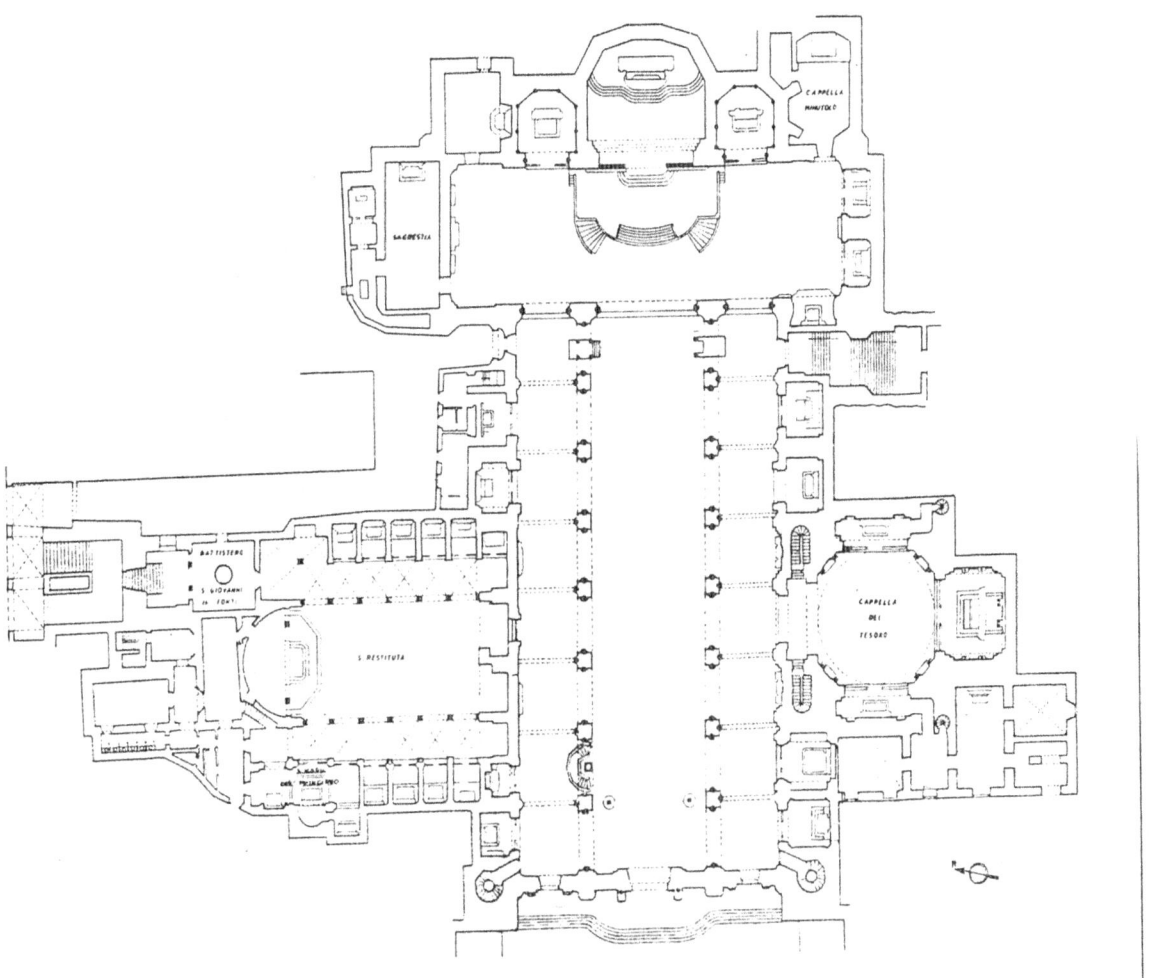

Planimetria del Duomo, della Basilica di Santa Restituta, del Battistero di San Giovanni in Fonte (Tratto da *Storia e civiltà della Campania*, v.II, p.167 a cura di Giovanni Pugliesi Carratelli)

2. La Fondazione Teatina

2.1 Origine del sito

Pompeo Sarnelli scrive nella sua *Vera guida de forestieri* del 1752: «Che la chiesa dei Santi Apostoli sorge sull'antico sito di un tempio romano, forse Mercurio, forse Marte, Saturno, Bacco o Giove, è testimoniato da molti anzi pare che, superstite alla distruzione, una gran conca di basalto egiziano, sia poi diventata il fonte battesimale che ancora si trova nella Cattedrale napoletana.[6]»

Anche il Romanelli, nell'Ottocento, riporta la notizia relativa all'elemento di spoglio: «che questa conca di basalto egiziana rispettabile per il suo gran masso era consacrata a Bacco, come si scorge nei bassorilievi, che vi sono scolpiti».[7].

Anche più antica la testimonianza seicentesca di Alessandro Caraccioli e Francesco Bolvito, entrambi Chierici Regolari [8], che descrivono i monumenti sacri della città partenopea.

Il perimetro della Napoli del V secolo è quello della *Neapolis* (città nuova), l'attuale nucleo di stratificazione greco-romana sorto in seguito alla

---

[6] P. Sarnelli, *La vera guida de forestieri* Napoli 1752, p.87
[7] D. Romanelli *Napoli antica e moderna,* 2 voll, Napoli1815, p.85
[8] A. Caraccioli, F. Bolviti, *De Sacris Ecclesiae Neapolitana e Monumentis Singularis,* Napoli 1645, p.91, p.293.

fondazione dell'antica *Palepoli*. Gli storici collocano la prima tra gli attuali quartieri San Lorenzo e Vicaria, mentre la seconda corrisponde alla parte superiore del quartiere San Ferdinando. L'unione delle due città, quella antica e quella nuova, era sigillato dal percorso delle mura cittadine, che le cingevano entrambe. Così, comuni erano i luoghi dove si trovano le terme, il *gimnasium*, i templi, il teatro, il foro, che ancora oggi trovano corrispondenza in aree e resti della città contemporanea. Un nucleo antico che, di fatto, è parte integrante del centro storico della città e che rappresenta per l'UNESCO uno dei siti da salvaguardare e tutelare come "Patrimonio dell'Umanità".

A partire dal 1798, quando per volere di Ferdinando IV di Borbone e come è possibile ritrovare nella redazione delle piante topografiche dei quartieri della città di Napoli, si arriva alla suddivisione amministrativa dell'area urbana partenopea. Ne deriveranno così i vari quartieri, alcuni dei quali ancora rispondenti all'attuale suddivisione cittadina. San Lorenzo (dal nome dell'omonima Chiesa) con la Vicaria (così detto perché lì vi era il tribunale della Vicaria, cioè del Vicario del Re, a Castel Capuano) si intrecciano per i vicoli di Sedil Capuano e di Loffredo e per la Strada Orticello, al vico Donnaregina fino a Porta San Gennaro.

Fu per secoli, dalla fondazione fino a tutto il XIX secolo la regione della città più importante, ricca e nobile. Qui vi è Castel Capuano, prima residenza normanno-sveva e per breve periodo angioina, le piazze per le giostre, la Stefania, Santa Restituta, San Giovanni in Fonte, qui le antiche ecclesiae paleocristiane, poi riunite nella fabbrica della Cattedrale, in questo sito i baroni del regno edificarono le loro ricche dimore, fin dal Medioevo.

La fondazione della Chiesa dei Santi Apostoli, nel quartiere Vicaria, risale questo certamente, al vescovo San Sotero. Il reverendo Lorenzo Loreto così testimonia: «A Felice successe San Sotero circa l'anno 465, che eresse la Chiesa in onore de'Santi Apostoli, e v'istruì un numero di sacri ministri pel culto Divino: fece fonti[9], che poi furono nominati fonti maggiori Soteriani, come pure il "Consegnatario per gli Abluti", o sia il luogo dove si dovevano presentare al Vescovo coloro che dovevano confermarsi, dopo ricevuto il santo Battesimo»[10]. Pompeo Sarnelli, nel Settecento, esprime dubbi sulla funzione di Cattedrale della chiesa dei Santi Apostoli «E' certissimo però, che l'Imperator Costantino da fondamenti la eresse, ed a Santi Apostoli il volle consacrato, ed in testimonianza si veggono due insigne di lui ne'capitelli delle colonne dell'Altar maggiore; in progresso di tempo il Vescovo Sotero la riparò, e vi aggiunse la parrocchia. Alcuni

---

[9] Si riferisce alle fonti battesimali.
[10] D. L. Loreto "Memorie storiche de' Vescovi ed Arcivescovi della Santa Chiesa Napolitana, Napoli 1839, pp.25, 26

credono, che un tempo servisse per Chiesa Cattedrale, altri ciò negano».[11]

Ancora, appare utile riportare in questo contesto le diverse fonti storiografiche sull'origine del sito, sulla possibile fondazione del complesso teatino su antiche preesistenze scrive de Lauzieres «nissuno avanzo rimane di quell'antico tempio, oltre al bellissimo vaso di basalte egizio, che serve ora di battistero al Duomo. Vuolsi che questa chiesa, che era prima parrocchiale, fosse servita anche per Cattedrale verso la fine del V secolo, essendo vescovo San Sotero»[12]. Per ricordare la figura di San Sotero interviene anche Parascandolo che cita la Cronaca di Giovanni Diacono per la fondazione della chiesa da parte del su citato Vescovo nel 465, in cui San Sotero «vi stabilì una Pieve, come precedentemente fece San Severo nell'altra intitolata a San Giorgio martire; e verosimilmente perché erasi aumentato in Napoli il numero dei fedeli... (...) ma a me piace piuttosto dirla una Chiesa Battesimale e Pievana; giacchè questa Soteriana, non altrimenti chè quella Severiana, è accennata nelle antiche memorie patrie col nome di Cattolica, con cui nei primi secoli erano distinte solo quelle chiese, le quali avevano il Fonte Battesimale... (...) e però di più alle memorie di questo vescovo indicate da Giovanni Diacono v'è aggiunta la erezione de' Fonti Maggiori, o sia del grande Battistero,

---

[11] P. Sarnelli, *Op.cit*, p.87

[12] A. de Lauzieres, G. Nobile, R. D'Ambra *Descrizione della città di Napoli e delle sue vicinanze*, Napoli 1855, p.901

dappresso all'Episcopio; e che altrove il cronista Diacono indicò pure col medesimo nome Fonti maggiori. E sembra che que' due (Diacono e Bianchini citati nel testo) nostri Cronografi meglio e più correttamente da Sotero incominciassero a segnare l'epoche de Vescovi di Napoli, e metterle in corrispondenza con quelle dei Sovrani Pontefici e degl'Imperatori»[13].

La politica espansionistica che andava configurandosi nei secoli successivi avrebbe portato la città a divenire meta di conquista piuttosto ambita per i sovrani e le dominazioni che si sono succedute di volta in volta, Normanni, Svevi, Angioini ed infine Aragonesi.

---

[13] Luigi Parascandolo *Memorie Storiche –Critiche-Diplomatiche della Chiesa di Napoli*, Tomo1-Napoli -1847;pp.72-73. E' utile ricordare che attorno al X secolo cominciò l'utilizzazione del termine "pieve" con significato di "modello di circoscrizione ecclesiastica" in cui si potevano dividere le "diocesi". La Pieve, in qualità di luogo di culto centrale, aveva il Fonte Battesimale.

2.2 Lo Sviluppo in età moderna

Nel 1510 Ferdinando il Cattolico afferma definitivamente il proprio potere sul regno di Napoli, ma dovranno passare ancora parecchi anni perche' questo dominio sia pacificamente posseduto. La fedeltà e l'amore con cui i Baroni napoletani difenderanno i Re di Napoli e Spagna non è ancora sentimento acquisito.[14] E' noto l'atteggiamento della nobiltà e del baronaggio di fronte alle pretese angioine di invadere il regno e del successivo assedio di Lautrec nel 1528. Molti baroni passarono nelle file di Lautrec e ciò comportò che, oltre alla peste e alla fame del lungo assedio, Napoli vide una spietata caccia data a cavalieri e titolati che avevano abbracciato la causa francese. Rappresaglie contro beni e persone, esecuzioni capitali eseguite in pubblico, confische e spoliazioni accompagnarono la vittoria infine degli spagnoli.[15]

---

[14] B.Croce, *Storia del Regno di Napoli*, Bari 1966 p.98. Ancora in proposito anche G. Galasso, *Napoli capitale,* Napoli 1998
[15] A.Illibato, *Il Liber visitationis di Francesco Carafa nella Diocesi di Napoli (1542-1543),* Roma 1983 p. XIV.

Don Pedro da Toledo, nominato Viceré, giunge a Napoli nel Settembre del 1532 ed ha come compito il porre rimedio alla lunga crisi del Viceregno. Si prefigge di annientare lo strapotere della feudalità, deprimere la municipalità cittadina esprimendo duramente l'autorità del governo e del sovrano spagnolo.

Napoli aveva visto un'espansione improvvisa tra il 1528 ed il 1547 dovuta all'inurbamento di popolazioni rurali che si spostavano sperando di trovare nella capitale lavoro e possibilità di sopravvivere. Ovviamente questo massiccio esodo aveva trovato la città impreparata e la plebe non mancò di arrangiarsi con furti e rapine.

La città divenne sovraffollata ed insicura, tanto che di notte era rischiosissimo aggirarsi per le strade. L'ordine pubblico fu il primo problema di Don Pedro, che emanò molte leggi inerenti a divieti, al fine di limitare il dilagare della delinquenza, come il divieto di porto d'armi[16], l'andar di notte con lunghe scale per compiere furti e attentare all'onore delle giovani introducendosi nelle case, vietò i duelli e dispose che non fossero "notati d'infami coloro che si rifiutavano di battersi". Vietò gli schiamazzi diurni e notturni, l'uso di andar con canti ingiuriosi e villani sotto la casa dei novelli sposi, se la donna era di seconde nozze (si

---

[16] «Sintomatico di questo clima e' il divieto che emanò l'Arcivescovo Carafa (1565-1576) per proibire ai seminaristi di tenere in Seminario sorte d'armi presso di loro». A. Illibato, *op.cit.*, nota 9, p. XIV.

definiva "andare a fare la Ciambelleria" e spesso sfociava in risse e omicidi).

Vietò le eccessive dimostrazioni di dolore che si facevano durante i funerali, con dame in grande strascico di abiti luttuosi andavano urlando e graffiandosi il viso per le strade.

Fu energico anche con i feudatari e con una prammatica del 1536 vietò ad essi di limitare la libertà di commercio dei propri vassalli, che si vedevano sottrarre quasi tutto il frutto del loro lavoro dal feudatario a prezzi irrisori.

Per migliorare il funzionamento della giustizia emanò una serie di provvedimenti tendenti a disciplinare l'azione dei giudici e dei funzionari.

Vietò ai giudici di ricevere regalie in denaro o altro, comminò pene severissime per i falsi testimoni, che a Napoli avevano una vera e propria scuola di indottrinamento. Purtroppo i suoi sforzi moralizzatori non durarono nei secoli come invece durò la sua opera urbanistica.

La Napoli che ancor oggi vediamo nel centro storico è dovuta in gran parte agli ingegneri e agli architetti della metà del XVI secolo. Il piano urbanistico di don Pedro da Toledo - che trova ampia rappresentazione nella veduta di Antonio Lafrery del 1566 - permane infatti ancora oggi nel tessuto urbanistico del centro storico napoletano.

Durante il viceregno spagnolo alla metà del XVI secolo il "quartiere degli spagnoli" si presentava con molti portici tra i palazzi, quasi grotte oscure, dove i malviventi si nascondevano per assaltare i cittadini che, incauti, si muovevano di notte. Don Pedro li fece abbattere (come la "grotta di San Martino", a Capuana o la grotta di Sant'Agata, tutte ricavate da palazzi storici). Fece anche togliere tutti i banchi di vendita degli artigiani, che di notte servivano da rifugio ai soliti delinquenti.[17]

Il Viceré allargò anche la cinta muraria tra il 1533 e il 1547, riunì tutti i tribunali in un solo edificio, Castel Capuano, aprì via Toledo e ne fece strada di palazzi signorili, trasformò il quartiere Montecalvario in alloggi per le truppe spagnole di stanza a Napoli, per primo pavimentò le strade rendendo più agevole e salubre camminare per la città.

Il Decumano inferiore fu prolungato in direzione di Castel Sant'Elmo dando luogo a "Spaccanapoli" e fu opportunamente rettificato il Decumano maggiore, da via San Lorenzo alla Vicaria, la via dei Tribunali; fu regolarizzato il tracciato di via della Selleria e si procedette al riordino di via Chiaia e del Largo di Castelnuovo.

Il riassetto riguardò anche la rete fognaria e dell'approvvigionamento idrico, creando a tal scopo numerose fontane pubbliche. Il piano di Don Pedro può considerarsi l'ultimo tentativo laico di ristrutturazione urbanistica, poichè

---

[17] S.Micco, *Vita di Don Pedro da Toledo*, in« Archivio Storico Italiano», 9, (1846) p. 18. Ancora in proposito anche G.Coniglio, *I Viceré spagnoli*, Napoli 1967

subito dopo i veri protagonisti diverranno gli ordini religiosi, Teatini e Gesuiti nello specifico.[18]

Naturalmente il Viceré aggravò di pesanti tributi i napoletani per rendere possibile i suoi progetti ed in più fu costretto ad adempiere alla politica fiscale del governo centrale spagnolo, imperialistico, che necessitava di continui fondi per le sue mire espansionistiche. Si cominciò a reperire risorse attraverso i donativi che dal 1536 in poi divennero sempre più frequenti ed esosi. Ciò naturalmente colpì soprattutto le classi meno abbienti, con pesanti conseguenze sul piano sociale e morale.

In questo clima gli animi più sensibili invocavano sempre più l'aiuto e il conforto della religione e con questo clima fu di fatto favorito l'insediamento di strutture ecclesiastiche nel nucleo della città.

Purtroppo Napoli non faceva eccezione per la crisi di valori religiosi che stava colpendo tutto l'occidente cattolico e che avrebbe portato la Chiesa ad indire il Concilio di Trento, per dettare nuove regole moralizzatrici nella speranza di veder cambiare quell'immagine non edificante che il clero dava di sé.

---

[18] S.Savarese, *Francesco Grimaldi e l'architettura della Controriforma a Napoli*, Roma 1986, passim

A Napoli, non pochi chierici e preti, affamati dal rincaro dei prezzi, invece di servire la Chiesa e le anime, esercitavano uffici vilissimi a servizio di laici e gentildonne.[19]

L'inosservanza della clausura nei monasteri[20] sia femminili sia maschili era ordinaria amministrazione[21].

Ciò detto, non vuol dire però che non vi fossero a Napoli ecclesiastici e laici dediti all'ascesi ed alla carità.

Evento importante per la città è l'arrivo nel 1523 di San Gaetano da Thiene, che avvierà una profonda opera di rinnovamento liturgico, morale e disciplinare tra clero e popolo.

Primo intento di San Gaetano fu infatti quello di riformare il clero (alla luce delle nuove disposizioni tridentine) e restaurare la regola primitiva di vita apostolica.

Concepì l'idea di fondare un Ordine, del quale il futuro Papa Paolo IV, Gian Pietro Carafa, fu organizzatore. Con Bonifacio dei Colli e Paolo Consiglieri, essi si proposero di condurre vita comune, legati ai voti di povertà, castità ed obbedienza. La loro regola aveva linee semplici da seguire: esercizi di

---

[19] A .Illibato, *op. cit.*, p. XX
[20] Sul tema dei monasteri femminili si confronti:A.Valerio,*I luoghi della memoria. Istituti religiosi femminili a Napoli dal 1660 al 1861,* vol, II, Napoli 2006
[21] Già nel 1330 l'Arcivescovo Orsini emanò una costituzione disciplinare in cui intimava a chierici e preti concubinari di mandar via le proprie donne entro due mesi, pena la scomunica. Due secoli dopo, l'Arcivescovo F.Carafa, oltre a ristampare le costituzioni dell'Orsini in calce alle sue, inasprì le pene con scomunica, confisca dei beni e dei benefici e multa di mille libbre di cera.

culto, preghiera comune, nella predica, nell'uso frequente dei sacramenti e nelle opere di carità cristiana.[22]

Papa Clemente VIII con un breve del 24 giugno 1524 approvava i capisaldi del nuovo Ordine: professione dei tre ordini religiosi, denominazione di "Chierici Regolari", facoltà di vivere in comunità ovunque avessero scelto (perciò le loro dimore si chiamarono case e non monasteri) elezione annuale del superiore con il nome di Preposito, ammissione di chierici laici dopo un anno di noviziato.

La denominazione di Chierici Regolari era una specie di Programma: come Chierici si sarebbero occupati della cura delle anime, come Regolari avrebbero condotto vita comune e professione di voti.

Vita monacale e vita clericale, vita contemplativa e vita interiore intese quali fasi preparatorie della vita attiva, erano le basi su cui si poggiava l'Ordine Teatino.

---

[22] I Teatini, con San Gaetano, furono i primi ad assistere i condannati a morte attraverso la Compagnia Napoletana dei Bianchi della Giustizia .« La Compagnia ebbe sede nel cortile dell'Ospedale, voluto da Maria Longo, di Santa Maria del Popolo degli Incurabili-Qui si costruì la Cappella intitolata a" S. Maria Succurre Misěris".Scopo della Compagnia, come recitano i Capitoli del 1525, era di "procurare la salute dell'anima di quelli che sono a morte condannati, et visitare i miserabili imprigionati, e gli spedali del li ammalati e quelli che spazialmente di mali incurabili infermi"Nata con componenti laiche e ecclesiastiche, dal 1583 fu di soli ecclesiastici. Ne fecero parte illustri personaggi del clero diocesano e regolare: Gaetano da Thiene, Francesco Caracciolo, Alfonso Maria de Liguori, Giovanni Marinoni, Bonsignore Cacciaguerra, Carlo Carafa e alcuni Papi, tra cui Paolo IV, cardinali come Scipione Ribiba e Giulio Santoro. Gli avvenimenti convulsi del 1860 posero fine all'attività della Compagnia, dato che le nuove autorità anche per motivi d'immagine, preferirono non dare più alle condanne a morte quella nota di cerimonia pubblica, da cui erano state contrassegnate fino a quel momento» A. Illibato, *La Compagnia dei Bianchi della Giustizia,* tuttora inedito, p.7. Per Alfonso Maria de Liguori si rimanda al testo di Ugo Dovere,*Il buon vescovo secondo sant'Alfonso M.de Liguori*, Roma,1990 . Per Carlo Carafa vedi: D. Vizzari, *Notizie storiche della vita del venerabile P.D. Carlo Carafa*,Napoli , 1968

Giunto a Napoli da Venezia, San Gaetano ed altri suoi compagni, trovarono alloggio in Santa Maria della Misericordia a Porta San Gennaro, in un palazzo di proprietà del Conte di Oppido. In seguito, si erano trasferiti in una casa di Maria Longo ed infine avevano ottenuto la sede definitiva di San Paolo Maggiore.

Naturalmente, essendo i Teatini un Ordine di risposta tridentina alle eresie luterane, non potevano che aderire, anche architettonicamente, alle regole dettate dal Concilio e più precisamente al dettato del Cardinal Borromeo nelle sue *"Istructiones fabricae et suppellectilis ecclesiasticae."* Dalle indicazioni borromeane procedono l'impianto ad aula congragazionale intesa come successione gerarchica dei vari spazi (navata per i fedeli, presbiterio per il clero); il portico o atrio da anteporre alla facciata della chiesa, già desunto dall'architettura paleocristiana, che a Napoli si incontra, oltre che in episodi anteriori al Gesù di Roma in episodi posteriori al 1630, a seguito del rifacimento di facciate e della sistemazione stradale.

Per quanto riguarda il doppio motivo ispiratore, borromeano e gesuitico, va detto che esso viene caratterizzandosi, dal 1580 al 1613[23], nelle opere di Giovanni Antonio Dosio[24], Francesco Grimaldi[25], Gian Giacomo di

---

[23] G.Cantone *"Napoli Barocca"* Bari 2002, p.29.
[24] Per approfondimenti vedi: A.Marciano, *Giovanni Antonio Dosio fra disegno dell'antico*

Conforto[26] e Fra' Nuvolo[27]. Sull'architettura della Controriforma a Napoli occorre sottolineare, come scrive Gaetana Cantone: «Il Seicento registra a Napoli alcuni eventi di determinante peso storico che, per aver influenzato in maniera diretta l'attività degli architetti, inducono a distinguere più fasi nello svolgimento del secolo. Possiamo definire alcune tappe fondamentali sulla base degli eventi, delle personalità operanti e dei legami tra committenza e modelli di riferimento, tenendo ben presente che la periodizzazione è data anche dalle tendenze dell'architettura con la più generale cultura del Barocco e dagli intrecci tra i momenti della speculazione teorica e l'architettura (…)».[28]

---

e progetto, Napoli, 2008, anche D. Del Pesco, L'architettura del Seicento, Torino 1998
[25] Per approfondimenti vedi testo citato infra: S.Savarese "*Francesco Grimaldi e l'architettura della Controriforma a Napoli*", Roma, 1986,
[26] Per approfondimenti vedi: E. Nappi, *I vicere e l'arte a Napoli*,« Napoli nobilissima», v.22 (1983),nn.1-2, pp.41-57
[27] Vedi saggio: G. Alisio, *Napoli barocca*, Napoli, 1988.
[28] G.Cantone "*Napoli Barocca*" Bari 2002, p.1.

2.3 Il progetto dell'architetto teatino Francesco Grimaldi (1610)

Quando giunse ai Teatini, la chiesa di San Paolo Maggiore (1538) ebbe bisogno di un robusto restauro. Assai complesse sono le vicende che riguardano questo cantiere. Il restauro fu attribuito al Padre teatino Francesco Grimaldi dal Celano[29] e fu costruita inglobando le strutture del tempio dei Dioscuri che dominava il foro di *Neapolis*; la fronte esastila di ordine corinzio, prima di essere travolta dal terremoto del 1688, aveva colpito per la sua monumentalità l'attenzione di viaggiatori illustri come Francisco de Hollanda[30] e Andrea Palladio[31]. L'utilizzo delle strutture antiche all'interno di una chiesa cristiana ben rispondeva all'intento controriformista di trionfo della fede cattolica sul mondo pagano. Del resto, questo programma ideologico, era illustrato anche nel ciclo degli affreschi

---

[29] C.Celano *Notizie del bello, dell'antico e del curioso della citta' di Napoli*, vol.II, Napoli 1856, p.612

[30] Si rimanda al saggio: A. M. Bessone Aureli, *I dialoghi michelangioleschi di Francisco D'Olanda*, Roma,1953

[31] Si veda il saggio: L. Puppi, *I quattro libri dell'architettura di Andrea Palladio*, Vicenza, 1976

che decoravano la navata centrale, dipinti da Massimo Stanzione[32] nel1643.

La Chiesa è rifondata nel 1583, ma vi si lavora intensamente ancora nel 1588-90, mentre Grimaldi è impegnato a Sant'Andrea della Valle a Roma; a guidare i lavori di San Paolo a Napoli è il padre teatino Pietro Caracciolo, e nel cantiere è documentata la presenza di Giovan Battista Cavagna. La chiesa, di dimensioni ridotte, realizzata in questa fase, è ristrutturata nel 1626-30, quando Giacomo di Conforto, allungando la parete centrale e creando le navate laterali con cappelle, costruisce l'ampia basilica ancora oggi visibile.[33]

Le regole della Controriforma si affermano diffusamente a Napoli; qui come altrove, lo spazio delle chiese è definito in base alle nuove esigenze della predicazione e dell'agevole visibilità dei rituali dei sacramenti e della Messa.

A questa necessità risponde bene la soluzione della chiesa a navata unica con cappelle, come la Chiesa dei Santi Apostoli.

Il suo impianto quadrangolare, inoltre, ben si inserisce nel tracciato ortogonale dei cardini e dei decumani di Napoli. Non si studiano complesse compenetrazioni spaziali della tipologia inserite nel tessuto

---

[32]Per approfondimenti: A. Della Ragione, *Massimo Stanzione e la sua scuola*, Napoli, 2009

[33] D. Del Pesco, *L'architettura della Controriforma e i cantieri dei grandi Ordini religiosi,* in Storia e civiltà della Campania, Napoli 1994, p.354

urbano, come succede a Roma, invece si creano interni fastosi arricchendoli con marmi, bronzi e argenti, anche in virtù di una tradizione partenopea nella lavorazione lapidea e scultorea che troverà uno dei principali protagonisti nell'opera di Cosimo Fanzago[34] e i suoi epigoni.

Le esigenze legate alla ricerca di persuasività ed immediatezza nell'evento liturgico, alla raffinata retorica che pone le sue basi sull'*inventio, dispositio* ed *elocutio*, necessariamente di forte impatto, finiscono per limitare la ricerca architettonica e l'aula unica con cappelle è adottata sia da Ordini ben consolidati sia da quelli di recente costituzione come i Teatini. Dalla Dottrina controriformata della salvezza mediante le opere di bene hanno origine lasciti e donazioni; le attività assistenziali proliferano e si manifestano anche in costruzioni di nuovo tipo.

Possiamo datare in più fasi l'opera architettonico-religiosa che va sviluppandosi nel Viceregno. Nel decennio successivo al 1584 si realizzano edifici importanti come la Chiesa del Gesù Nuovo, quella domenicana di Santa Maria alla Sanità (1588), quella dei Gerolamini (1590).

Questa prima fase si conclude nel 1630 e vede all'opera architetti e religiosi per lo più non napoletani.

---

[34] G. Cantone, *Napoli barocca e Cosimo Fanzago*, Napoli, 1984. Vedi anche: A. Spinosa, *Cosimo Fanzago*, Pozzuoli, 1996

Giovan Battista Cavagna, lombardo, tra il 1572 e il 1605 svolge la sua attività tra Roma e Napoli; il ticinese Domenico Fontana[35] si trasferisce definitivamente a Napoli nel 1596; nel 1598 arriva il ferrarese Bartolomeo Picchiatti; il toscano Gian Antonio Dosio (dal 1593 ingegnere della Regia Corte) giunge a Napoli nel 1590. Cosimo Fanzago, bergamasco, fu a Napoli dal 1612 al 1678, anno della sua morte, conferendo a Napoli, per i suoi molti interventi come architetto, scultore e decoratore, la veste barocca che ancora la caratterizza. Resta da citare, tra gli altri, Giovanni Giacomo Di Conforto, questi napoletano.[36]

Quasi tutti hanno già avuto esperienze romane, come pure gli architetti provenienti da Ordini religiosi come Giuseppe Valeriano; a Napoli tra il 1582 e il 1594 ed a Roma per più di un decennio, si svolge l'opera del teatino lucano Francesco Grimaldi che nel 1598 rientra definitivamente a Napoli.

Questi architetti operano anche come artisti, come si è già detto del Fanzago, ma anche del Grimaldi che è ricordato anche come abile nella fusione in metallo e argento. Così Bernardo De Dominici nelle sue *Vite* a proposito dell'architetto teatino:« (...) fu perfettissimo nell'arte del Getto e

---

[35] Per approfondimenti vedi: P.C. Verde, *Domenico Fontana a Napoli (1592-1607)*, Napoli, 2007

[36] Giovanni Giacomo Di Conforto nacque a Napoli nel 1569, muore nel 1630. Per approfondimenti cfr. Gaetana Cantone, *Napoli barocca*, Napoli, 2002

serviva di consiglio e d'aiuto a molti scultori e gettatori di metallo e d'argento, testimone ne sia Antonio Monte, che sotto la sua direzione venne a perfezionarsi nella difficile arte del Getto (...)»[37].

Per lungo tempo l'opera del Grimaldi fu considerata come espressione unica di tutti gli edifici dei Teatini. Oggi, grazie agli studi di Silvana Savarese, sappiamo che solo le Chiese di Santa Maria degli Angeli a Pizzofalcone, il cui progetto è approvato da Domenico Fontana nel 1600 e la Cappella del Tesoro di San Gennaro nel Duomo (1608), risultano realizzate secondo il suo disegno.[38]

Conosciamo un progetto di Grimaldi per la Chiesa dei Santi Apostoli del 1608 (e segg.), ma solo nel 1626, dopo la sua morte, quindi, si delibera che «si eseguirà puntualmente questo disegno (...) giudicato essere il meglio»[39]. La chiesa è costruita sotto la guida del Di Conforto, come pure quella di Santa Maria Della Sapienza, sempre su disegno del Grimaldi, come attestano documenti del 1614.

L'attribuzione al Grimaldi di tutti questi edifici sacri era giustificata dall'impronta architettonica piuttosto peculiare che caratterizzava gli spazi interni.

---

[37] B. De Dominici, *Vita de pittori, scultori e architetti napoletani*, Napoli 1742, p.257

[38] D. Del Pesco, *op.cit*, pag. 354
[39] Idem

Si tratta di impianti a tre navate, divise da pilastri, con spazi laterali coperti da volte a crociera o cupolette come Santa Maria degli Angeli a Pizzofalcone o come San Paolo Maggiore, o di edifici ad una sola navata con cappelle come ai Santi Apostoli.

Essi si caratterizzano con una spazialità grandiosa, sottolineata da parti architettoniche monumentali, simili alle sedi romane degli Ordini più importanti, come il Gesù' o Sant'Andrea della Valle. Lo sviluppo dell'impianto e la caratterizzazione dello spazio trovano una perfetta aderenza alle istanze controriformistiche secondo le indicazioni borromeane e le idee persuasive di un messaggio fideistico che trovava rappresentazione nella grandiosità degli spazi.

Analoghi sono gli impianti planimetrici, con vaste e luminose cupole all'incrocio del transetto e ampie volte a botte sulla parte centrale, simile l'articolazione di navata con sequenze di archi a tutto sesto divisi da lesene scanalate come ai Santi Apostoli.

In questi edifici, comunque, interviene anche il Di Conforto, che impiega ripetutamente lo schema albertiano della "travata ritmica"[40].

Nell'opera del Di Conforto si possono leggere gli apporti recepiti in ambito romano dal Grimaldi ma anche l'influenza delle collaborazioni con il

---

[40] L'alternanza di settori trabeati con nicchie ed archi ossia una sequenza di pieni e vuoti, ossia di elementi del sistema costruttivo voltato e architravato, con pareti scandite da lesene che definiscono gli spazi interni e ne contrassegnano il registro modulare. Cfr. D. Del Pesco, *op.cit.*, p.356

Cavagna, con il quale collabora sia al Monte di Pietà sia al Banco del Popolo.

Il carattere specifico del Di Conforto sembra dunque essere quello di interpretare le tendenze dei maestri con una maggiore varietà e articolazione nell'uso delle forme.

La ricostruzione della sua opera è però resa difficile poiché interviene in edifici iniziati da altri e, spesso, conclusi da altri ancora.[41]

L'opera dell'architetto Teatino Francesco Grimaldi, nato ad Oppido Lucano nel 1543, a Napoli, nei primi anni del XVII secolo, contribuì allo sviluppo e alla diffusione dell' architettura barocca, le sue opere furono influenzate dai modelli cinquecenteschi, aggiornati ai canoni del barocco mediante una sfarzosa decorazione.

«Il soggiorno romano (1585-1598), interrotto spesso per seguire altri cantieri (Lecce: Sant'Irene, Napoli: Santi Apostoli) fu di formazione sostanziale per il Teatino. Ebbe modo di assimilare la lezione di Bramante e Michelangelo e ne ebbe una chiarezza d'impianto dei suoi edifici e d'articolazione plastica, espressione chiara.»[42]

A contatto con i più autorevoli esponenti del tardo Cinquecento, recepì le loro aspirazioni facendosi precursore di una nuova cultura come appare prefigurata nella navata della chiesa di Sant'Andrea della Valle a Roma,

---

[41] D. Del Pesco, *op. cit*, p.356
[42] S. Savarese, *op. cit*, pag.9

dove, le pareti creano un dialogo, collegandosi con alte ed ampie arcate tra navata e cappelle laterali.

«La fabbrica di San Pietro dovette colpirlo molto se già a Sant'Andrea prevedeva un organismo a cinque cupole e nei suoi successivi progetti napoletani tale impronta si connota chiara».[43]

Così per la chiesa di San Francesco di Paola fuori Porta Capuana (1598 circa) pianta a croce greca inscritta in un quadrato con grande cupola centrale e quattro cupole minori collegate da volte a botte; in Santa Maria degli Angeli a Pizzofalcone (1598) l'impianto benché longitudinale segue lo stesso schema; nella Cappella del Tesoro nel Duomo (1606) adotta ancora un impianto centrico, riprendendo lo schema di San Pietro a Roma, con un evidente rapporto proporzionale dettato nella configurazione dei piloni e della cupola, così come nella Santissima Trinità delle Monache (1608-9) dove la croce è raccolta nel quadrato inviluppo.

«A tutte queste attività Francesco Grimaldi si dedicò fino al giorno della sua morte, avvenuta nella Casa dei Santi Apostoli, nel 1613».[44]

---

[43] S Savarese, *op. cit.*, p..9

[44] S. Savarese, *op. cit.*, p.12

Grimaldi, come ricordato, è anche l'architetto della chiesa dei Santi Apostoli che si trova lungo il Decumano Superiore, dopo Largo Donnaregina, e si affaccia sia sulla strada sia sul Largo che da essa prendono il nome, al limite nord-orientale del nucleo antico della città, a ridosso del vallone di San Giovanni a Carbonara (limite della murazione di età angioina poi inglobato nell'ampliamento di epoca aragonese, dopo il 1485).

Nella prima metà del Cinquecento la Chiesa era di diritto patronato della famiglia Caracciolo di Vico. Possedeva il beneficio della cura delle anime e la rettoria abbaziale.

Il rettore aveva il titolo di Abbate e la famiglia Caracciolo di Vico ne aveva il diritto di nominare.

Poco dopo il 1570, i Gesuiti, che dal 1552 si erano stabiliti a Napoli sotto la guida di Padre Alfonso Salmeròn, cercarono di ottenere la Chiesa dei Santi Apostoli per fondarvi la casa dei professi. Padre Salmeròn ne parlò ai cavalieri del Seggio Capuano ma non ottenne aiuto dato che essi non vantavano alcun diritto sulla Chiesa. Venne a conoscenza della cosa un cavaliere del Seggio, Annibale Capece Galeota, il quale, padre del Preposito di San Paolo Maggiore, era molto influente presso i Teatini. Egli ritenne di dover intervenire al fine di evitare che i Gesuiti prendessero possesso dei Santi Apostoli, in quanto quella Compagnia di religiosi era "piena di spagnoli"[45]

Il cavaliere Capece Galeota chiese allora al Marchese di Vico, nipote del Colantonio Caracciolo, primo Marchese di Vico venuto a mancare nel 1562, di poter ottenere ai Padri Teatini la Chiesa. La vicenda interessò anche il figlio, il quale scrisse al Capitolo Generale di Roma presentando l'offerta[46].

La stipula del contratto, dovendo egli allontanarsi da Napoli, venne fatta dalla moglie del Marchese Caracciolo, Maria Gesualda, ammiratrice dell'opera dei Teatini. La Marchesa non solo diede il suo consenso, ma permise anche al Preposito di San Paolo Maggiore di iniziare i restauri e le ristrutturazioni per la nuova casa dei Santi Apostoli prima ancora di aver concluso l'atto notarile che stabiliva il definitivo assetto proprietario dei suoli interessati[47].

Lo strumento legale fu redatto nel 1574, dal Notaio Consalvo Calefato presso la Chiesa di San Paolo Maggiore. In tale documento si registra la concessione *in perpetuum* della Chiesa ai Teatini nella persona di Padre Giovanni Galeota, con l'intervento dell'allora Rettore della Chiesa Don Cesare D'Aragona.

---

[45] Biblioteca Nazionale di Napoli (d'ora innanzi BNN), Ms. 521, f.2 Francesco Bolvito, *Notizie della Casa di Sant'Apostoli*, Ms del sec.XVII
[46] F.Strazzullo" *La Chiesa dei SS. Apostoli a Napoli*" Roma 1957, p.7
[47] Idem, p.7

Il diarista teatino Bolvito ricorda Don Cesare con parole molto ossequiose, che rivelano quanto i teatini fossero grati al Rettore «Dobbiamo molto al detto Abate per essere stato huomo di grande bontà (...) non s'intrigava delle cose nostre, né ragionava con alcuno. Assisteva sempre ai primi vespri delli santi di 2da classe e nelle feste solenni, non privatamente, come nelle suddette, ma con la cotta veniva in coro al suo luogo, che secondo le convenzioni era il 2do. Si dilettava di belle lettere e di queste solo trattava con alcuno dei nostri. Havea una buona libreria, e ce ne fè donazione già da molti anni avanti, da eseguirsi però doppo la sua morte. Era di viso e corpo macilentissimo, e parea quasi fatto di radice d'alberi. Volle esser seppellito in chiesa conforme la licenza che ne tenea dal Capitolo Generale: e sta sepelito presso l'altare di SS. Pietro e Paolo».[48]

I termini del contratto prevedevano, tra l'altro, che non si trasferisse il beneficio parrocchiale ad altra chiesa. Nella ratifica del contratto datata l'11 luglio 1583 i teatini, che già da otto anni – la prima celebrazione nella chiesa risale alla settimana Santa del 1575 - avvertivano disagi al regolare svolgimento della loro vita religiosa, ottennero di poter trasferire la parrocchia ad altra chiesa.

Gregorio XIII con bolla del 12 luglio 1584 diede l'assenso apostolico, riservando all'Arcivescovo di Napoli la facoltà di scegliere dove trasferire il

---

[48]BNN, Ms 521, p.6

beneficio parrocchiale, ingiungendo ai Vescovi di Ischia e di Nola, nonché al Primicerio della Cattedrale di Napoli di far rispettare i diritti dei Teatini, del rettore, del Marchese Filippo (figlio di Colantonio) e loro successori.

Ai Caracciolo di Vico veniva confermato il diritto di presentare il nome del rettore della chiesa. La ricognizione per la scelta della nuova chiesa fu fatta dal canonico Agnello Russo, il quale nella relazione finale indicò come sede del trasferimento del beneficio, la Cattedrale. La cura delle anime fu trasferita nel 1586 ed i teatini ebbero l'obbligo di ampliare la cappella del Sacramento presente nel Duomo, a loro spese, e di trasferirvi la cona, l'altare, gli sgabelli, il cancello, le due vetrate e le due lastre tombali che erano nella cappella del Sacramento dei Santi Apostoli.

Quando i Teatini ebbero i Santi Apostoli, la chiesa occupava otto canne[49] di spazio e aveva dodici colonne, sei per lato. Ancora il Bolvito: «quando fu data a noi, conteneva la tribuna, e tanto sito, quanto giunge sino al pulpito di questa chiesa vecchia, che è lo spazio di otto canne et era divisa in colonne sei per parte; v'erano alcune casette dietro la tribuna. Il resto poi della chiesa presente e quanto tenea il cemeterio, dalla parte verso la casa nostra, v'erano alcune casette che servivano per abitazione dell'Abate Don Cesare D'Aragona e del Parrocchiano e tutto il rimanente era giardino che girava intorno a quella chiesa vecchia, dove è ora la

---

[49] La canna architettonica napoletana equivale a 10 palmi cioè a metri 2,64550, il palmo equivale a metri 0,264550.

Cappella del Reliquiario, con il partimento e confessioni per le donne (...)»[50]

Si trattava quindi di una chiesa di origine paleocristiana di piccole dimensioni preceduta da un atrio e divisa in tre navate da due file di sei colonne ciascuna.

Nel 1581 il Preposito Don Felice Barrile fu il primo che la modificò[51] «nel sito et architectura» (Bolvito) e cominciò i lavori di ampliamento della Chiesa dalle parte del Vangelo, chiudendo quattro grandi archi: due erano sfondati per far posto a due cappelle, due chiusi per far entrare in sagrestia. Dal lato dell'epistola lo spazio dei primi tre archi era riservato alle donne e l'ultimo verso la porta, servì per farvi una cappella. Il soffitto era a capriate lignee. Il restauro fu continuato nel 1596 sotto la "positura di Tommaso de'Monti" ed infine nel 1608 Giovanbattista Brancaccio fece costruire la nuova sacrestia e «una cappella laterale al coro dal corno dell'epistola, dove collocò l'immagine della Concezione Immacolata»[52].

Nel 1609-1610 si decise di ristrutturare ancora la chiesa, non esprimendo quest'ultima le ambizioni estetiche dei religiosi e dei nobili che vi si

---

[50] BNN, Ms.521 p.5
[51] S. Savarese, *op. cit.* p. 26
[52] BNN, Ms.521

recavano. Si pensò di erigere una nuova chiesa e si affidò il disegno all'architetto teatino Francesco Grimaldi.[53]

Si legge, sempre dal manoscritto del Bolvito, questa spiegazione per giustificare l'intenzione di edificare una nuova chiesa «Però ancorchè la detta chiesa fusse a molti parsa commoda e bella, a noi nondimeno dava gran mortificazione che, godendo una casa di tanta maestà e bellezza[54], la casa poi di Dio la vedessimo non corrispondente. Per questo sempre si stette su la mira di far una chiesa nuova, e di trovar personaggio che volesse far la spesa. E fra tanto il P.D. Francesco Grimaldi Architetto nostro attese a far il disegno»[55]

Il Principe d'Avellino Camillo Caracciolo si offrì per finanziare i lavori della nuova chiesa che doveva corrispondere alle esigenze dei frati e della nobile committenza.

Nel 1610 il Preposito P.D. Girolamo Pignatello stipulò il "negozio" con il Principe, il quale in cambio del finanziamento, chiedeva la nomina di fondatore e due Messe al giorno perpetue con la ratifica del Capitolo Generale dell'Ordine. Si gettò la prima pietra della nuova chiesa con una cerimonia privata, durante il tempo della Quaresima.

---

[53] In alcuni testi il Grimaldi viene citato come Francesco Negro, pare da lui adottato come pseudonimo.
[54] Si riferisce alla Casa dei Teatini adiacente alla Chiesa
[55] BNN, Ms.521

A Pasqua si riunì il Capitolo Generale e proposto il negozio con il Principe, ma il progetto trovò molti oppositori. «I capi principali dell'esclusione furono il non voler introdurre Fundatori nella Religione, l'obbligo delle Messe perpetue, il tempo lungo preso per finirlo (...).

Svanito il disegno d'haver la chiesa dal Principe, si cominciò a pensare ad altri: e perché Santi Apostoli è jus patronato de marchesi di Vico, D. Maria Caracciola Marchesa di Vico e moglie di D. Troiano Spinelli, Duca D'Aquaro, figlia spirituale del P. D. Clemente Alonso Preposito di questa Casa, diede intenzione di volerla fare a sue spese: e si dicea anco che ne tenesse voto fattone a Dio. Con questa occasione, essendo in Napoli il Padre Generale D. Marcellino Oda con i PP. Visitatori D. Raffaele Rastelli e D.Gio.Battista Giustiniano, tenne capitolo sopra ciò alli 23 dicembre 1613 per determinare il sito ove si dovesse fare, secondo le due opinioni che correvano, cioè se in quello ov'è la presente o in quello della casa che fu della Marchesa di Brienza. Furono dodici i votanti, e per voti segreti, ed uno solo discrepò dagli altri undici, quali conclusero che si facesse nelle case della Marchesa di Brienza.

Anco questa speranza riuscì vana, perché, o che la Marchesa di Vico si facesse commutar il voto, se l'havea, o che li molti figli che andava facendo, facesse impossibile lì esecuzione, o qualunque altra fosse l'occasione, l'effetto non riuscì».[56]

Il secondo giorno d'Agosto del 1613, intanto, moriva l'architetto Grimaldi, testimonianza del P. Girolamo Pignatelli, Preposito del tempo: "P. D . Franciscus Grimaldus Domus S.Eligii Civitatis Capue professus, post diutarnam infirmitatem moritur die 2 Augusti 1613". La tomba del Grimaldi è nella Cripta dei Santi Apostoli. Il Grimaldi dovette presentare il progetto della nuova chiesa per il 1610, ma solo nel 1626 il Capitolo votò unanime il suo disegno.[57]

Tornando alle vicende costrittive nel 1617 i Padri Teatini ebbero però la fortuna di vedersi attribuire 20.000 ducati più 10.000 per capitale di messe, a seguito di una causa vinta da Suor Maria Maddalena Carafa, al secolo Isabella Duchessa di Cercia Maggiore, del Monastero della Sapienza, contro il fisco. Fu allora discussa di nuovo la questione su dove erigere la nuova chiesa. Si riunì il Capitolo, con due Padri Visitatori, il 10 gennaio 1624.[58]

Le vicende sulla costruzione della Chiesa e sulla possibilità di conservare le rendite derivanti dal fitto delle abitazioni di proprietà della nobile famiglia di Brienza, contigue all'impianto sacro, sono descritte ancora dal Bolvito:

---

[56] BNN, Ms.521, p.14
[57] BNN, Ms.517" Annalium liber nunc primum..."
[58] F.Strazzullo, *op. cit.*, p.12

«Il P. D. Francesco disegnò una chiesa nel sito del Marchese di Brienza, e fu quella che si cominciò[59] dal Principe d'Avellino, la quale era appunto come quella di Echia[60]. La altezza di lei nel convesso della volta della chiesa giungeva alla metà delle finestre del corridoio del Preposito. Ci restava poi il tetto. La cupola superava di gran lunga l'altezza dell'astraco, ci toglieva il mezzogiorno, e per conseguenza il sole d'inverno. Per la sua fabbrica bisognava dal primo giorno privarsi della casa di Brienza, e per tanto che fusse vissuta Gioanna di Piatto, affittarneli una per abitazione, privarci del pigione della casa detta di Boccapianoli, di fitto di ducati 90 l'anno: e comprar la casa del Marchese di Binetto. Oltre a ciò, per haver largo avanti porta sarebbe stato necessario comprar le case all'incontro per farvi piazza; e sarebbe stata poi una chiesa che non veniva a star nel mezzo della casa, ma più accostata alla parte ove al presente è la chiesa; e ci fu persona che disse ricordarsi che il P D. Francesco, accortosi di ciò, havea detto che si dovea buttar a terra tutto quel braccio fatto dalla banda della portella della chiesa, e tirarlo poi tanto a basso nel sito ove fusse stata la chiesa vecchia, acciò la nuova fusse rimasta in mezzo: da che oltre la spesa buttata e scandalo di secolari, ne sarebbe nata una sproporzione nella casa, che la scala della lumaga non sarebbe stata sul

---

[59] Si riferisce alla posa della prima pietra fatta prima che il Capitolo rifiutasse la proposta del Principe
[60] La Chiesa di Santa Maria degli Angeli a Pizzofalcone

fine del claustro, e come l'altre scale, ma avanti d'esso, almeno per due arcate. In questo sito, ancorchè ci fusse stata molta larghezza, v'era carentia di lunghezza. Le ragioni apportate dai difensori di questa, alcune haveano origine dal poco affetto verso che n'era autore, altre erano assai frivole, come il non sentir strepitio, et andar a chiesa fatta, come se non ci fussero stati cento esempi di chiese nonché e d'altre ne quali allo stesso tempo s'è officiato e fabricato, e come se fusse minor danno havere una chiesa mal fatta, che perdere due e tre e cento penitenti.

Altri si fondavano nell'autorità del P. Grimaldo. Al che fu risposto che già costava haver esso fatti due disegni per tutti due i siti. Oltre che poteva esso in ciò ingannarsi, come s'era ingannato in Sant'Andrea di Roma, ove essendo stato sempre costante in un disegno, e parendo agl'altri architetti non essere a proposito, il Cardinal Montalto ci fece far più congregationi da i primi huomini di Roma, mandò il P. D. Marcello Pignatelli a Napoli ad abboccarsi seco e persuaderlo, e non potendo tirarlo al parer degl'altri, si eseguì contro il suo, con quell'esito felice della maestà di detta Chiesa, come poi s'è veduto.

Il P. D. Giovan Battista Brancaccio, non perché tenesse opinione contraria al sito ove poi s'è fatta, ma perché si conoscesse come veramente s'erano discussi tutti i siti possibili, pose in consideratione un'altra chiesa, nel sito di Brienza, ma al dritto del mezzo del claustro, per lo che si sfuggivano l'inconvenienti della prima, e, restringendosi alquanto da i lati per essere il sito assai largo, veniva a restar la strada de'Loffredi più larga, et havrebbe potuto haver tre porte, star isolata da tre parti, et haver da tutte il suo lume»[61]

La discussione dovette proseguire per lungo tempo se, come si legge dal Bolvito, si riunì un Capitolo con i Visitatori e si decise di votare. Con ventisei voti contrari al progetto nel sito di Brienza e tre a favore si deliberò che la nuova Chiesa sorgesse nell'area della vecchia. Le difficoltà espresse nel manoscritto di Francesco Bolvito per la definizione di un progetto della nuova chiesa in un altro sito saranno definite da questa riunione del Capitolo che porterà alla scelta definitiva di ristrutturare l'antico e originario impianto. All'unanimità fu scelto pertanto il progetto del Grimaldi. Il 26 luglio 1624, Preposito P. D. Dionisio Dentice si preparò il contratto di vendita di una masseria dei Padri a Poggio Reale. La vendita fu fatta alle monache di Sant'Andrea per novemila ducati in contanti e undicimila in cinque anni. Ciò permise ai Padri Teatini di avere disponibilità di capitale per il progetto della nuova Chiesa.

Il giorno di San Carlo (4 Novembre) del 1626 fu gettata la prima pietra della fabbrica dal Cardinal Buoncompagno, Arcivescovo di Napoli. Dalla

---

[61] BNN, Ms.521, p.17

cronaca del Bolvito appare la descrizione della cerimonia:[62] «Finalmente si fece la sera del suddetto giorno di S. Carlo. Avanti la porta esteriore della Chiesa fu eretto un altare riccamente adornato, dalla cui parte sinistra stava il trono del Cardinale. Tutto il Largo S. Apostoli era parato di panni di seta. Nella strada maestra sino al palazzo del Cardinale pendevano nel cielo veli gialli con trattine d'oro. Giungendo il Cardinale fu salutato con salve de maschi: il che fu fatto anco in segno d'allegrezza quando fu calata la pietra, e riposta. Ci furono due cori di musica. Il concorso de cavalieri e dame nelle fenestre delle case contigue fu grande. La pietra era di marmo et in forma d'una cassetta». Incisa intorno alla cassetta si leggeva questa iscrizione:«FRANCISCUS S.EUSTACHIJ S.R.E. DIAC. CARD.BUONCOMPAGNUS HUMILITER PETENTIBUS IN FUNDAMENTA ECCLESIAE SS.APOSTOL. POS. AN- DOMINI MDCXXVI DIE IV NOVEMB.»

Morto l'architetto Grimaldi, fu il Di Conforto a cominciare la nuova chiesa, tra il 1626 ed il 1630, rispettando in parte il disegno originale . Alla fabbrica si susseguono diversi architetti: Agostino Pepe che tra il 1630 ed il 1640 rifinì le strutture impostate dai due predecessori, Bartolomeo Picchiatti, nel 1638, intervenne per il campanile e Pietro di Marino.

---

[62] Ibidem

Il progetto originale, affine a quello del Grimaldi di Santa Maria degli Angeli a Pizzofalcone, fu rielaborato dai vari esecutori e la Chiesa presenta oggi una navata unica, coperta da volte a botte, su cui si aprono quattro cappelle per lato- sovrastate da cupolini ellittici (che l'architetto Teatino aveva invece previsto sferici)- collegate da passaggi architravati; all'incrocio della navata con il transetto, non sporgente dal rettangolo planimetrico, si eleva la cupola che all'esterno presentava un rivestimento maiolicato giallo e nero che, dopo il terremoto del 1980 fu rimosso e mai ricollocato. L'abside semicircolare realizzata dal Pepe, poligonale nel progetto del Grimaldi, conclude la navata della chiesa accentuandone la lunghezza. Il Campanile venne costruito nel 1638 su disegno di Bartolomeo Picchiatti, ma il terremoto del 1688 distrusse il cupolino di marmo presente sulla cupola.

L'affinità di composizione tra la chiesa dei Santi Apostoli e quella di Santa Maria degli Angeli a Pizzofalcone, realizzate all'inizio del XVII secolo, si evince dal disegno grimaldiano, più che dall'opera realizzata. Nel progetto originale, come già accennato, erano presenti quattro cappelle per lato coperte da cupolette sferiche che fiancheggiavano l'unica navata e comunicavano tra loro attraverso un passaggio architravato, succedendosi in sequenza. Anche qui, come in Santa Maria degli Angeli, il Grimaldi riprende l'impianto tipologico prediletto nei dettami della Controriforma e che trova numerose realizzazioni e varianti, raccogliendo in un perimetro rettangolare il muro di fondo delle cappelle, il transetto e l'abside. Diverso da Pizzofalcone, ai Santi Apostoli l'abside, profonda e poligonale, tende a svilupparsi- come già indicato- in senso longitudinale, conferendo all'impianto una peculiare profondità dello spazio.

Dai documenti dei Padri Teatini leggiamo che Giovan Giacomo di Conforto è impegnato nel cantiere dei Santi Apostoli dal 27 Gennaio del 1627 quando si registra un pagamento per prestazione d'opera: «Donato a Gian Giacomo di Conforto architetto per li disegni fatti nella nuova chiesa e l'altre sue fatiche-10»[63]. Il Di Conforto, che in quegli anni era impegnato anche in San Paolo Maggiore, nella costruzione delle navate minori, dove, bisogna ricordare, realizza l'originale sistema di copertura mediante l'alternarsi di cupole ellittiche e di volte a botte lunettate, di gusto ormai spiccatamente barocco, ai Santi Apostoli rielabora in tal senso il progetto originale del Grimaldi, ancora legato alla tradizione classica nella distribuzione spaziale, rinunciando alla chiarezza della visione grimaldiana, soprattutto attraverso la sostituzione di cupolette sferiche con cupolette ellittiche nelle cappelle laterali, introduce una soluzione fortemente animata e ricca di tensione, che ritroveremo, ad esempio nel

---

[63] Da Savarese, *op.cit*, si veda nota a p.10 tratto da un manoscritto custodito alla Biblioteca Nazionale di Napoli. BNN.

progetto assai simile, quasi copia del disegno grimaldiano, del Di Conforto per la chiesa di San Ferdinando, poi rimaneggiata da Cosimo Fanzago.

La fabbrica della nuova chiesa si estendeva intanto, sull'atrio del vecchio edificio, incorporandone il Cimitero, che, nel 1627 fu sostituito da quello ricavato sotto la sagrestia attuale.

La cripta, alla quale si accede attraverso due porte che si aprono sulla facciata della chiesa, fu invece consacrata più tardi, il 16 agosto 1636. Il primo ad esservi sepolto fu Padre Giovan Battista Brancaccio professo della Casa e architetto dello stesso cimitero. La cripta è a tre navate, divise da due file di pilastri con cappelle laterali e altare maggiore tra le due scale d'ingresso piuttosto che nell'abside, e si estende per tutta l'area della chiesa superiore. Sulle pareti laterali della cripta sono distribuiti sei grandi affreschi, ora illeggibili, attribuiti a Belisario Corenzio[64]. A sinistra di chi entra: *la Dormitio Verginis, La Resurrezione Dei Reprobi, Gesù resuscita la figlia di Giairo.* A destra *Compianto sul Cristo morto, Resurrezione dei giusti, la Resurrezione del Lazzaro,* tutti affreschi della prima metà del Seicento. Nella cripta dei Santi Apostoli riposano le ceneri del poeta napoletano Giovan Battista Marino, morto nel 1625 trasferiti qui nel 1650 dalla chiesa superiore, l'attuale stato di abbandono non consente

---

[64] Per approfondimenti vedi : E. Persico Rolando, *Affreschi di Belisario Corenzio nella SS. Annunziata di Napoli* in «Napoli Nobilissima»,(32), Napoli, 1993

di identificarne il sepolcro. Il grande poeta donò alla casa dei Santi Apostoli la sua intera libreria.

2.4 La Chiesa dei Santi Apostoli: le opere d'arte

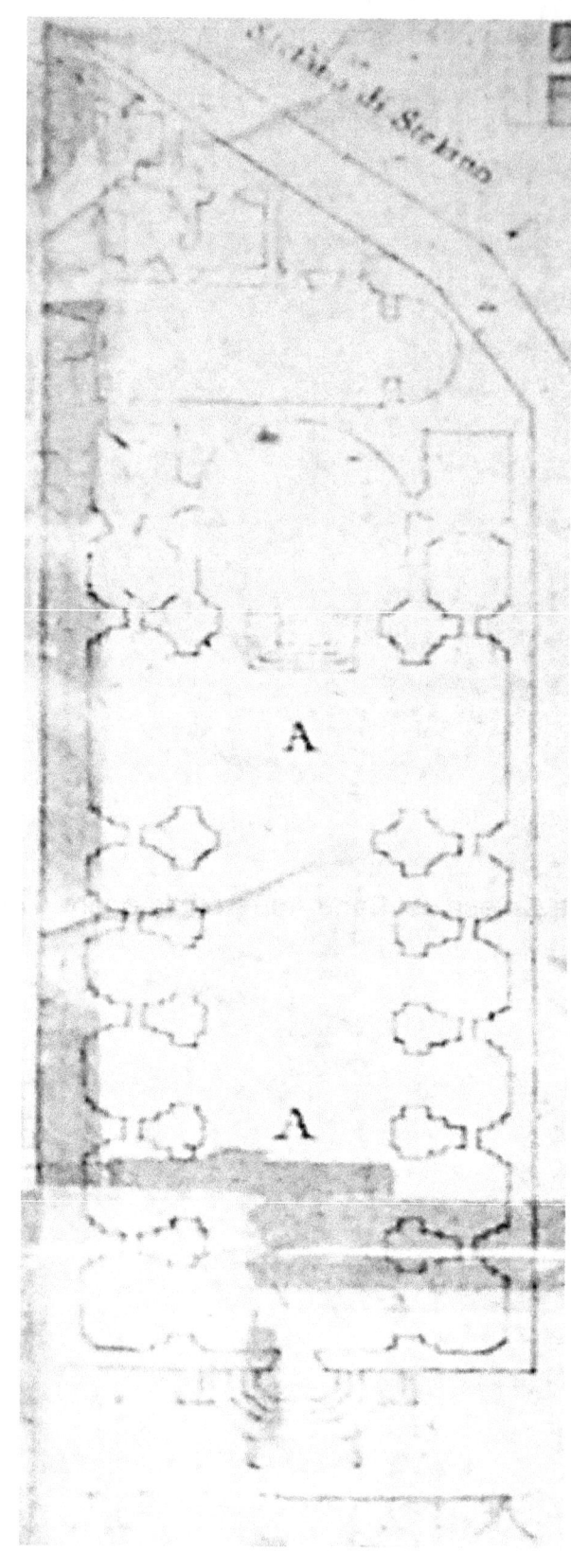

La pianta della Chiesa dei Santi Apostoli disegnata dall'architetto teatino Francesco Grimaldi (Particolare tratto da S.Savarese, *op. cit*, passim).

La chiesa presenta una facciata sprovvista di decori ma rimangono sopra il portale d'ingresso tre lapidi che riassumono la storia della chiesa. Sulla porta d'ingresso domina lo stemma dei marchesi Caracciolo Di Vico, e tre lapidi che sinteticamente narrano la storia della chiesa. La prima lapide recita:

ERECTUM. SUPERSTITIONE. FANUM./ QUOD. EXPLICATA. LATIUS. AREA. MUTATO. CULTU./COSTANTINUS. MAGNUS. SS. APOSTOLORUM./ MEMORIAE. DEDICAVIT./ POSTMODUM. EXCUTO. AEVI. SENIO./ A FUNDO. AD. CONSTANTINIAM. MAGNIFICENTIAM./ A. CLERICIS. REGULARIBUS. RENOVATUM./ FRANCISCUS. S. R. E. CARD. BUONCOMPAGNUS/ ARCHIEPISCOPUS. NEAPOLITANUS/ IACTO. PRIMARIO. LAPIDE. FUNDAVIT / ANNO. MDCXXVI. DIE. IV NOVEMBRIS / DEMUM. CONTINUATO. PORPURAE / AC. MAGNORUM. NOMINUM. SPLENDORE / ASCANIUS. S.R.E. CARD. PHILOMARINUS / ARCHIEPISCOPUS. ITEM. NEAPOLITANUS./ SOLEMNI. RITU. CONSECRAVIT / ANNO. MDCXLVIII. DIE . X. OCTOBRIS[65]

Sottoposta alla precedente lapide vi è piccola epigrafe che recita:

---

[65] Carlo Celano ,nell'opera citata così traduce: : Francesco Buoncompagno, cardinale di Santa Romana Chiesa, Arcivescovo di Napoli, posta la prima pietra il 4 novembre 1626 ricostruirà il tempio, strappato alla superstizione, che Costantino Il Grande, estesa l'area per il mutato culto aveva dedicato alla memoria dei Santi Apostoli e che in seguito rovinato dal tempo fu dai Chierici Regolari restituito dalle fondamenta alla costantiniana magnificenza. Infine, continuando lo splendore della porpora e di grandi nomi Ascanio Filomarino, cardinale di S.R.C., parimenti arcivescovo di Napoli, con solenne rito lo consacrò il 10 ottobre 1649

TEMPLUM DEO AXANCTIS APOSTOLIS DICATUM / CLERICI REGULARES / A PHILIPPO CARACCIOLO VICI MARCHIONE PATRONO CONCESSUM / INSTAURAVERUNT ET ORNAVERUNT.[66]

La terza lapide, disposta proprio sotto l'architrave d'ingresso recita:

AEDEM. ANTIQUISSIMAM / ETHNICA. SUPERSTITIONE. MERCURIO. PIETATE. CHRISTIANA. DEO. IN./ HONOREM. APOSTOLORUM. CONSECRATAM./ FRANCISCUS.I.P.F.AUG./ UT TEMPLUM. NOBILISSIMUM. SARTUM. IN POSTERUM./

TECTUNQUE. OMNI. EX. PARTE. SERVARETUR./ NIHILQUE.AD DIVINI. CULTUS SPLENDOREM./ DESIDERARETUR/ III. VIRUM. CURATORUM. ET. SODALITTII / S. MARIAE. IN. VERTICE. COELI. TUTELAEQUE. PERMISIT./ SACRIS CONDICILLIS. POSTRIDIE. NON. IUNIAS. DATIS. IN. SAL./ MDCCCXXVI.[67]

Sulla facciata è andata perduta la decorazione pittorica raffigurante San Filippo, San Giacomo e L'Immacolata affrescate nel 1826 da Melchiorre De Gregorio per conto dello stabilimento di Santa Maria Vertecoeli che in quell'anno prese la chiesa nella sua amministrazione per decreto di Francesco I di Borbone.

---

[66] C. Celano, *op. cit.*, p.611 traduce: I Chierici Regolari restaurano e decorano il tempio dedicato ai Santi Apostoli, concesso dal patrono Filippo Caracciolo marchese di Vico.
[67] C. Celano, *op.cit*, p.611. Traduce così la lapide: Questo tempio antichissimo per l'etnica superstizione a Mercurio e per il culto cristiano a Dio, consacrato in onore degli Apostoli, Francesco I, Pio, Felice, Augusto, affidò alla fede a alla tutela di tre amministratori e della congrega di Santa Maria Vertecoeli, affinchè il tempio nobilissimo fosse custodito in buono stato sotto ogni riguardo per l'avvenire e niente mancasse allo splendore del divin culto. Con religioso decreto dato il 6 Giugno 1826.

L'interno della chiesa si presenta integralmente decorato con stucchi ed affreschi. La decorazione a stucco, preparata per accogliere l'imponente ciclo di affreschi voluti dai Padri Teatini, risale al 1637 ad opera di Donato Pieri nel coro, nel tamburo e nella crociera mentre risale all'opera di Giovanni Pennino la prosecuzione nelle facciate dei due cappelloni di crociera. L'opera fu proseguita poi da Bartolomeo Santullo e Silvestro Faella nella navata e da Francesco Cristiano presenti sul cantiere dal 1643.

La doratura degli stucchi decorativi fu eseguita da Nicola Falcone nel 1639 e completata da Bartolomeo Buonocore e Tommaso Troise verso la fine del secolo.

Il ciclo di affreschi di Giovanni Lanfranco[68], artista allievo dei Carracci a Parma e chiamato a Napoli dai Gesuiti, interessano la navata centrale, la controfacciata, il coro e la crociera, i pennacchi della cupola che rappresentano i Quattro Evangelisti e quattro figure allegoriche nei sottarchi della cupola. Dopo i pennacchi, Lanfranco lavorò agli affreschi nel coro e nella crociera, poi si dedicò alla volta della navata, dipinse cinque tele per il coro ed infine dipinse la controfacciata. Sulla volta a botte

---

[68] per approfondimenti vedi: E.,Schleier, *Giovanni Lanfranco : un pittore barocco tra Parma, Roma e Napoli*, Milano, 2002

della navata, Lanfranco, che lavora ai Santi Apostoli dal 1638 al 1646, dipinge cinque riquadri dedicati al martirio degli Apostoli.

Nel primo scomparto: "Martirio di San Tommaso", (il Santo viene colpito da una lancia mentre celebra la Messa); nel secondo scomparto: " Martirio di San Bartolomeo" (il Santo è scorticato vivo sotto gli occhi impassibili del tiranno e delle guardie); nel terzo scomparto: "Martirio di S.Matteo" (Il Santo viene colpito ripetutamente, la scena si svolge nell'atrio di un tempio); nel quarto scomparto "Martirio di San Giovanni evangelista" (Diocleziano lo fa immergere in una caldaia d'olio bollente); nel quinto scomparto "Gloria degli Apostoli".

Nelle lunette superiori alle arcate sono dipinti Profeti e Patriarchi seduti su nuvole, di forte impianto michelangiolesco, ai lati delle finestre gli Apostoli e nelle unghie coppie di Virtù con al centro un medaglione in monocromo giallo o verde.

Sugli archi delle cappelle vi sono sedici tele di Francesco Solimena[69], artista di spicco nella Napoli tra il '600 ed il'700, il quale si trova a dover sostituire le opere già presenti di Giacomo del Po. Le tele hanno lo stesso soggetto dei dipinti coperti e quindi dobbiamo supporre che l'opera di del Po non piacesse ai Teatini[70], che chiesero a Solimena di coprirla.

---

[69] Per approfondimenti vedi: F. Bologna, *Francesco Solimena*, Napoli, 1958
[70] F.Strazzullo, *La chiesa dei SS. Apostoli*,Napoli, 1959, p.43

L'artista, forse troppo rispettoso del lavoro altrui, preferì invece preparare delle tele ad olio che si sovrapposero agli affreschi già presenti. Le tele rappresentano: Santa Candida juniore; Santa Candida seniore;San Luigi e San benedetto; San Gerolamo e San Pio V; la Sacra Famiglia e San Giovanni Battista; a sinistra Santa Teresa D'Avila e Santa Maria Maddalena; San Domenico e San Paolo Eremita; i Santi Martiri Stefano e Gennaro; san Giuseppe e San Pietro Apostolo.

In questo contesto appare utile citare lo straordinario repertorio di opere d'arte esistente nella Chiesa dei Santi Apostoli allo scopo di favorire una dettagliata descrizione del patrimonio culturale del complesso.

La prima cappella a destra è dedicata a San Nicola e custodisce tele di Nicola Malinconico. Sull'altare "San Nicola che abbatte gli idoli".

La seconda cappella è dedicata a Sant'Ivo e fu concessa nel 1735 alla Congrega di Sant'Ivo che difendeva nei Tribunali i poveri gratuitamente[71]

Nella terza cappella dedicata al Crocefisso e concessa nel 1739 al Duca Don Raffaello Riario vi è l'altare settecentesco con il sudario bronzeo con il volto di Cristo e i quattro angioletti sul timpano.

La cappella successiva è dedicata a Sant'Andrea Avellino, patrono della nobile famiglia abruzzese degli Antinori. La decorazione scultorea dei

---

[71] D.M.Pagano, *Napoli Sacra,Guida alle chiese della città*, 2º itinerario, a cura di Nicola Spinosa,Gemma Cautela, Leonardo Di Mauro, Renato Ruotolo, Napoli 1993, p.101

sepolcri Antinori è di Giuliano Finelli e di Bartolomeo Mori. Le tele presenti sono del Malinconico.

Nel transetto sono collocati quattro dipinti di Luca Giordano[72], eseguiti intorno al 1692, per il Duca della Torre. Raffigurano "La Natività di Maria" e "La Presentazione al Tempio" nel braccio destro del transetto e " il Sogno di Giuseppe " e "L'Adorazione dei pastori" in quello sinistro, opere che esprimono tutta la sintesi della grande decorazione barocca a cui era giunto "Luca fa presto".

Prima di giungere al Cappellone dell'Immacolata, si possono vedere le due cantorie iniziate da Simone Tacca nel 1664, con organi del 1651 e alzando lo sguardo si vede la cupola con il Paradiso affrescata da G. Battista Beinaschi, presente come decoratore anche in un'altra chiesa del Grimaldi, Santa Maria degli Angeli a Pizzofalcone.

La cupola cominciò ad elevarsi nel 1664. Nel 1680 si eresse il cupolino a due lumie.

Il ritardo nell'erezione della cupola rispetto alla chiesa fu dovuto a mancanza di denaro.[73]

Giovan Battista Beinaschi, giunto a Napoli nel 1664, esegue a Napoli diversi cicli pittorici. Nel 1680, con l'aiuto di Orazio Frezza, affresca il

---

[72] Per approfondimenti vedi: N. Spinosa , A. E. Perez Sanchez, *Luca Giordano : l'immagine come illusione,* Napoli, 2004
[73] F. Strazzullo, *op. cit.* p.44

"Paradiso" nella cupola dei Santi Apostoli per 1200 ducati. Gli stucchi vennero eseguiti da Giovan Battista d'Adamo su disegno di Dionisio Lazzari del 1678, mentre la doratura venne data quattro anni dopo.

Danneggiata nel corso dei secoli da terremoti e conflitti mondiali, la cupola ha subito numerosi restauri.

A destra si erge il monumentale Capellone dell'Immacolata, patronato della famiglia dei Pignatelli dei duchi di Mondragone.

Già nel 1713 P. Carlo Capecelatro, Preposito ai Santi Apostoli, aveva pensato di innalzare una cappella all'Immacolata, posto di fronte a quello dell'Annunziata.

Il disegno dell'opera fu affidato a Ferdinando Sanfelice nel 1713, che prese spunto per la sua opera dal prospiciente Cappellone dell'Annunziata.

La realizzazione dell'opera fu interrotta per una vertenza che si ebbe nel 1718 col marmoraio. Il 21 marzo del 1721 i teatini concessero la cappella al cardinale Francesco Pignatelli gratuitamente, tenendo conto che il porporato era stato teatino proprio ai Santi Apostoli.

L'altare, completato nel 1723, si presenta ricco di marmi rari e pietre dure con ornamenti di bronzo dorato, è opera di Bartolomeo Granucci su disegno di Francesco Solimena.

La tela dell'Immacolata al centro dell'altare è di un ignoto pittore del Seicento napoletano, mentre le quattro Virtù che la circondano sono probabilmente di mano del Solimena, dipinte su rame.

Al di sotto dell'altare un "coro" di puttini in bronzo dorato è opera di Matteo Bottigliero.

In cima domina lo stemma del Cardinale Pignatelli, Arcivescovo di Napoli dal 1703 al 1734. Ai lati del cappellone due busti in bronzo dorato. A sinistra è *San Gaetano* con il libro delle regole e vi si legge:«Servate et Facite» (custodite ed operate). A destra vi è il busto di Sant'Andrea Avellino.[74]

Attraverso una balaustra marmorea con tre cancelletti di ottone con lo stemma dei teatini, databili al 1653, si accede al presbiterio. L'altare maggiore settecentesco non è quello originario, che fu smembrato e parzialmente ricostruito nella chiesa palatina di San Francesco di Paola. L'altare originale fu disegnato da Ferdinando Fuga[75] nel 1751. « Questo altare è lungo palmi trentadue; posa su di un ampio Basamento rettangolare, cinto da larga fascia di porfido, ed è tutto composto di pregiate pietre dure e lapislazzuli che ornavano l'altare della chiesa de'Santi Apostoli, e con gran numero di bellissime agate e diaspri di

---

[74] F. Strazzullo, *op. cit*, pp.78, 79
[75] Per approfondimenti vedi:P. Giordano, *Ferdinando Fuga a Napoli : l'Albergo dei poveri, il Cimitero delle 366 fosse, i Granili*, Lecce, 1997

Sicilia(...)Il tabernacolo che sovrasta l'altare, opera di bellissimo e ricco lavoro del secolo decimo sesto, fu tolto dalla mentovata chiesa de'Santi Apostoli, e conservato nella sua intera forma: quattro cariatidi colossali dorate sostengono l'ampio baldacchino che lo ricopre.»[76]

L'altare si erge su quattro scalini ed è del sec. XVIII. Sia il paliotto che il dossale sono decorati da ornamenti di bronzo dorato, con pietre dure. Il tabernacolo è in forma di tempietto classico in bronzo dorato, tempestato di pietre preziose. Consta di due piani: il primo costituisce la custodia. La porticina è di pietre dure commesse e finge una prospettiva di archi. Il ciborio, rimasto quasi integro, fu in seguito trasferito nella Cattedrale di Capua, dove tuttora si trova. L'attuale ciborio si presenta con monumentali forme architettoniche di gusto romano ed in origine si trovava nella chiesa di San Luigi di Palazzo, poi distrutta.

Ai lati dell'altare trovano posto i due candelabri bronzei disegnati da Andrea Bolgi e fusi, nella stessa casa di Santi Apostoli, dal teatino Giovanni Antonio Bartolino, come si rileva dalla scrittura incisa sulle due basi. La commissione dell'opera è del Preposito dei Santi Apostoli, Padre Giuseppe Maria Caracciolo. Su una base triangolare poggiano i tre piedi di un basamento da cui si dipartono le figurazioni simboliche dei Quattro Evangelisti: il toro (San Luca), il leone (San Marco), i due angeli con la

---

[76] C. Celano, *op.cit.* vol. IV, p. 497

croce (San Matteo) e l'aquila (San Giovanni). Allo stesso Bolgi vanno riferiti i due angeli reggi-lampada in bronzo agganciati sui pilastri che chiudono lateralmente la tribuna e sorreggono i due cordoni, posti in epoca successiva, probabilmente per sostituire lampade andate perdute. La fusione sembra effettuata allo stesso modo dei due candelabri, alternando parti dorate alle brunitura, al fine di ottenere un maggiore effetto cromatico.[77] Nel presbiterio è il coro intagliato di noce, databile al XVII secolo, cui Francesco Montella aggiunse sedici stalli nel 1640, anno in cui Antonino da Sorrento lavorava agli intagli. Sulle pareti del coro vi sono le cinque tele del Lanfranco rappresentanti: *L'Apparizione di San Gennaro e della Madonna col Bambino a un vescovo teatino; Sant'Andrea Avellino contempla il Cristo risorto; Gesù mostra ai Teatini la croce per norma di vita, Il Beato Giovanni Marinoni contempla Cristo nell'orto; Un vescovo teatino contempla la Madonna assunta in cielo*. Dal presbiterio si accede direttamente nel vestibolo della sacrestia. Ha pianta quadrata e su quattro archi, decorati da stucchi barocchi, poggia la cupoletta a lacunari con lanterna a sei finestrini. Sulla parete a sinistra è il monumento (non la tomba) che Monsignor Gennaro Filomarino, fratello di Ascanio e Vescovo di Calvi, si eresse un anno prima di morire. Commise l'opera del suo busto a Giuliano Finelli, nel 1649, per 150 ducati. Alla sua morte, avvenuta nel

---

[77] D. M. Pagano, *Op. cit.* p.104

1650, fu tumulato nella sepoltura di famiglia, nel cimitero dei Santi Apostoli. Il modello del busto è tratto dal berniniano ritratto del cardinale Bellarmino, che costituì il primo esempio nel Seicento di busto ritratto tagliato al di sotto della cintola per consentire l'inserimento delle braccia. La sacrestia, ormai decaduta dal suo antico splendore, conserva armadi in noce. Nel 1725 il Preposito P. Carlo Capecelatro la restaurò su disegno dell'architetto Ferdinando Sanfelice che ne diresse i lavori. Gli armadi di noce furono lavorati da mastro Giovanni Corrado, un tedesco, per 1500 ducati. Franco Strazzullo così nel suo testo[78] «Il Misson nel suo Nouveau vojage d'Italie accenna pure alla nostra chiesa. Lo accompagnarono nella visita due teatini che lo misero a conoscenza non solo dei tesori d'arte, ma pure della loro grande povertà, e non certo per avere una lauta offerta. Il Misson, e non siamo ancora al restauro settecentesco, restò sbalordito per la meravigliosa sacrestia:«Così discorrendo, dopo averci fatto osservare le diverse magnificenze della loro chiesa, ci condussero nella sacrestia, ove trovammo quattordici grandi armadi a due battenti stracarichi di vasi d'oro e d'argento, e d'altri ornamenti preziosi, tesoro di povera gente, capace di appagare la più illimitata ambizione[79]»

---

[78] F.Strazzullo, op. cit., p.71
[79] M.Misson, *Nouveau voyage d' Italie, avec un memoire contenant des avis utiles a ceux qui voudront faire le meme voyage,* Tomo I, A La Haye, 1731

Gli affreschi presenti sono di Nicola Malinconico e raffigurano: *L'Assunzione della Vergine; Il Sacrificio di Aronne ; Il trionfo di Giuditta su Oloferne; L'incontro di Giacobbe con Rebecca.*

Nel passaggio dalla Sacrestia al Tesoro, cappellina ottagonale di sobria architettura barocca, una lapide ricorda la scomunica emanata da Alessandro VII contro chi avesse osato portar via la suppellettile sacra in oro e argento conservata un tempo nei grandi armadi. Ritornando all'interno della chiesa, si vede l'imponente Cappellone dell'Annunziata, di patronato dei Filomarino, massimo monumento dei Santi Apostoli.

La cappella, con l'area cimiteriale sottostante, fu concessa dai teatini a Monsignor Ascanio Filomarino nel 1635, sei anni prima della sua elezione ad arcivescovo di Napoli. Il disegno è dell'architetto Francesco Borromini[80] e risale al 1640. Qui è evidente la sua tendenza alla linea ondulata e la ricerca di effetti scenografici. Si rinnovano le forme della facciata dell'Oratorio di San Filippo Neri e della chiesa di San Carlo alle Quattro Fontane di Roma. La balaustra della cappella dell'Annunziata richiama quella dell'esterno di San Carlo, e la fronte della mensa, spartita in sette triglifi e altrettante metope, ricorda la decorazione anteriore del camino nella sala di ricreazione dell'Oratorio di San Filippo. Il cardinale Filomarino per decorare la sua cappella puntò al gruppo di grandi scultori che,

---

[80]Per approfondimenti vedi: P. Portoghesi, *Francesco Borromini*, Milano, 1994

facendo capo a Gian Lorenzo Bernini, aveva lavorato per la Basilica Vaticana. Il Cardinale potè conoscere questi artisti grazie ai suoi legami con la corte papale di Urbano VIII Barberini. Si ritrovano quindi nei Santi Apostoli i carraresi Giuliano Finelli, Andrea Bolgi e il belga Francesco Duquesnoy.

Nel Gennaio del 1647 vi lavoravano quattordici scalpellini e dieci politori di marmo alla dipendenza del capomastro Francesco Mozzetti. Fu inaugurata il 25 Marzo del 1647 dal Cardinale Ascanio Filomarino, alla presenza del Capitolo Metropolitano e di molti cavalieri della nobiltà napoletana. L'altare era stato consacrato due giorni prima al fratello, Monsignor Gennaro Filomarino, vescovo di Calvi. Cinge la cappella una movimentata balaustra di marmi bianchi di Carrara, lavoro del Finelli in collaborazione con Francesco Mozzetti. Gli stemmi sono del cardinale Filomarino e le due portelle di noce furono fornite da Francesco Vallone. La massa architettonica, tutta di marmo di Carrara, è divisa verticalmente in tre zone da quattro colonne composite che vanno ad inserirsi in altrettanti pilastri ionici concavi. Sui plinti delle colonne sono quattro stemmi del Filomarino. Sovrasta il tutto un timpano mistilineo con volute e decorazioni floreali. La mensa dell'altare, scompartita in metope e triglifi con simboli degli Evangelisti, poggia su due splendidi leoni di Giuliano Finelli del 1647, tra cui è un medaglione con la raffigurazione del *Sacrificio di Isacco* di Giulio Mencaglia, che risale al 1646, dove affiorano ricordi tardo-cinquecenteschi, ma con una impaginazione che si rifà alla pittura neoveneta. Il fregio di *Puttini* sopra la mensa è del 1639 ad opera di François Duquesnoy[81], artista belga nato a Bruxelles nel 1594 ed attivo a Roma dal 1618. Entrato nella cerchia di artisti del Bernini, era tenuto in gran considerazione tanto da essere considerato «il primo statuario che oggidì ci sia al mondo»[82]. Da Roma furono inviate, nei primi anni Quaranta, le finiture decorative dell'altare eseguite da Andrea Bolgi, tra cui il pannello sovrastante la mensa con due teste di cherubini e un festone di frutta. A completare uno dei complessi devozionali più originali nella Napoli degli anni quaranta del Seicento vanno aggiunti i mosaici con l'*Annuciazione* al centro e le quattro *Virtù* ai lati di Giovanni Battista Calandra, capo mosaicista di San Pietro sotto il Pontificato di Urbano VIII. I soggetti sono tratti da originali dipinti da Guido Reni per la Cappella del Quirinale. Allo stesso Calandra spettano i ritratti di *Ascanio e Scipione Filomarino* in mosaico, datati rispettivamente 1642 e 1641.

Ancora da Strazzullo si legge «Il Celano ci informa che Ascanio Filomarino, recatosi in Spagna al seguito del Cardinale Francesco Barberini, legato pontificio, nel 1626, donò a Filippo IV il quadro

---

[81] Per approfondire si può leggere l'opera di: M. Fransolet, *Frans Duquesnoy*, Bruxelles, 1942
[82] F. Strazzullo, *op.cit.* p.64 (L'autore cita Fraschetti S.,75).

dell'*Annunciazione,* originale del Reni. E così da ragione al mosaico eseguito dal Calandra. Ma, riflettendo che non prima del 1635 il Filomarino ottenne dai teatini di poter edificare la sua cappella ai Santi Apostoli, non sappiamo spiegarci come il Reni gliene avesse fornito la pala entro il 1626. Ritengo che la notizia del Celano sia da ripudiarsi. Il bolognese avrà fornito il cartone tra il 1635-36, nel quale anno era pronto anche il mosaico del Calandra»[83], del resto la firma sul mosaico recita: « Guido Renus Bonon. Delin. Io Bapt Calandra Vercellen. F. 1636».

Ancora il Celano riporta una inesattezza quando sostiene che il ritratto di Scipione Filomarino (1641) derivi da un originale di Mosè Valentin, morto già nel 1632. Il Professor Ferdinando Bologna in un suo testo del 1954[84] nega pure a Pietro da Cortona la paternità del ritratto di Ascanio Filomarino (1642), riconoscendo nella pala, nei tondi e nelle Virtù la mano del Reni, ben reinterpretata dal mosaicista Giovan Battista Calandra, come già ricordato.

Riscendendo lungo il lato della navata si incontra, sulla destra, la cappella di San Michele, già indicata col titolo di cappella Seripando o di Casapuzzano. La tavola d'altare di Marco Pino mostra l' *Apparizione di Maria e dei Santi Pietro, Paolo e di Michele Arcangelo alle anime del*

---

[83] Idem, p.63
[84] F.Bologna, *Di due tondi di Guido Reni*, in« Mostra del ritratto storico napoletano», Napoli 1954, p.105-106

Purgatorio e gli affreschi laterali di Beinaschi raffigurano *San Michele precipita nell'inferno gli angeli ribelli* (a sinistra) e *San Michele adora l'Eterno padre* (a destra).

Di seguito la cappella di San Gaetano. Le due tele sull'arco raffigurano *I Santi martiri Stefano e Gennaro*. L'altare marmoreo fu lavorato nel 1639 da Matteo Pelliccia e da Giovanni Mozzetti; il piccolo ciborio di marmo fu aggiunto nel 1707. Il paliotto presenta motivi floreali intarsiati. Ai lati dell'altare le armi della Famiglia Caracciolo di Sant'Eramo.

La tela che riproduce La *Madonna che porge il Bambino a San Gaetano* è di Agostino Beltrano, firmata e databile 1655-56. Gli affreschi laterali, del pittore giordanesco Giacomo Farelli, furono eseguiti in memoria della peste del 1656. Datati 1671 nei pennacchi con *quattro figure simboliche*, presentano *San Gaetano intercetta per gli appestati* (a destra) e *San Gaetano riceve il Bambino dagli Angeli* (a sinistra). La seguente cappella dedicata a San Gregorio custodisce il dipinto di Domenico Fiasella con *San Gregorio taumaturgo cui San Giovanni Evangelista indica la Madonna che mostra incipit del Vangelo*.

Gli affreschi datati al 1717-20, sono firmati da Giacomo del Po, maestro che prelude, nelle evanescenti figure in monocromo, a soluzioni di prezioso e raffinato decorativismo *rocaille*[85]. Le scene rappresentano *Il giovane Troadio tentato da una donna mentre sta catechizzando* e *L'apparizione di San Gregorio al martire San Troadio*. Giacomo del Pò dipinse questi affreschi, dopo l'incidente delle pitture sugli archi delle cappelle, ricevendo quattrocentoquaranta ducati, più altri ventidue per due once di oltremarino fino, ricattando così il proprio nome. L'indoratura delle cornici fu fatta da Giuseppe Cartaro.

L'ultima cappella, la prima a sinistra di chi entra in chiesa è quella dedicata al beato Carlo Burali d'Arezzo, eletto arcivescovo di Napoli nel 1556 da Gregorio XIII, che accoglie sull'altare l'ultima produzione del pittore napoletano Francesco De Mura, l'unico capace di uscire dalla tradizione locale e di aprirsi a una cultura europea di "illuminato razionalismo e di aggiornato classicismo". L'opera presenta *I beati Paolo d'Arezzo e Giovanni Marinoni* ed è databile intorno al 1775, anno di riconsacrazione della cappella. Sulla parete laterale sinistra è collocata una tela con San Carlo Borromeo attribuita a Carlo De Rosa dal De Dominici[86].

Il primitivo titolo della chiesa era dei Santi Apostoli Pietro e Paolo, tanto che il tredici giugno 1582 Gregorio XIII concesse l'indulgenza per il 29 giugno, valida per un decennio. Nel 1587 i Teatini riunitisi in Sant'Antonio

---

[85] D.M. Pagano, *op. cit.* p.107

[86] Idem.

di Milano stabilirono che alla chiesa napoletana di Santi Apostoli non si conservasse il titolo dei Santi Pietro e Paolo, ma si desse quello che avrebbero preferito i padri di quella casa. Fu mutato cosi il titolo in quello dei Santi Filippo e Giacomo. Infatti, il 9 aprile 1593 Clemente VIII concedeva l'indulgenza plenaria al 1º maggio, per 5 anni.[87]

---

[87] F. Strazzullo, *op cit*, p. 32.

2.5 Il convento dei Santi Apostoli: stratificazioni stradali e architettoniche

Tornando alla Casa dei Teatini, si può leggere dal Ceva Grimaldi[88] «comprarono di più per 2700 ducati delle case per ridurle a Monastero, ed ivi i Teatini passarono ad abitare il dì 5 giugno 1575. I medesimi benefattori [la famiglia Caracciolo di Vico] per dare al parroco una abitazione in luogo di quella lasciata ai Santi Apostoli, comprarono per tal uso una casa vicino all'Arcivescovato per ducati 980. Tutti gareggiarono in Napoli per offrire mezzi ai Teatini, per poterli ben stabilire in questo luogo; sicchè si vide sorgere sotto la direzione del Padre Grimaldi Teatino l'attuale magnifica chiesa de' Santi Apostoli con la casa per uso della detta congregazione».

Il Convento dei Santi Apostoli è il più vasto e complesso che i Teatini abbiano posseduto come appare sia dalle dimensioni sia dalla struttura architettonica. Esso si articola intorno ad un chiostro a due livelli, di straordinario effetto scenografico, ad impianto rettangolare diviso al centro, limitatamente al pian terreno, da un braccio trasversale che

---

[88] F.Ceva Grimaldi, *Memorie storiche della città di Napoli dal tempo della sua fondazione sino al presente*, Napoli, 1857, pp.77-78

determina altri due rettangoli, dei quali uno a cortile e l'altro, in origine, a giardino.

L'impostazione formale del chiostro è costituita da una duplice successione di arcate, assai contratte, scandite da lesene tuscaniche al pian terreno e doriche al primo piano, mentre l'ordine ionico, non previsto nell'originario progetto del Grimaldi, si svolge al secondo piano. La maggior singolarità dell'insieme è fornita dalla loggia che percorre tutto l'interno del convento con nove campate sul lato lungo e sette su quello corto coperte da volte a cupola; queste non costituiscono il solo elemento stilistico riferibile al linguaggio del Grimaldi, da individuarsi, nella ripetizione della chiave d'arco a voluta e nel motivo delle lesene che, oltre al forte aggetto della cornice del pianterreno, riprendono l'ordine superiore.

Il Bolvito - più volte già citato - attendibile diarista teatino, ci indica con precisione l'inizio dell'opera, «Cominciò quest'edificio il P.D.Basilio Pignatello sopra il disegno del nostro P.D. Francesco Grimaldi l'anno del Signore 1590 con assai pochi capitoli di denari (...) Il disegno fu alquanto alterato, particolarmente in quanto all'altezza[89], dal P.D. Silvestro Del Tufo. Devesi a detto Padre molto, perché nelli due anni che fu qui preposito ci attese alla gagliarda: ma per un breve tempo non potè

---

[89] Importante l' indicazione del Bolvito, sappiamo dalla pianta del Grimaldi che l'alzato doveva essere di due piani sopra il pianterreno, mentre il P.D.Silvestro del Tufo vi aggiunse un piano sul lato nord. Notare che la scala della lumagha era già prevista dal Grimaldi e fu costruita esattamente dove la si vede oggi, alzata fino al quarto piano (sesto oggi), dov'era il magazzino viveri dei monaci.

abitarvi: il che fu poi concesso al P.D.Tommaso De Monti suo successore, habitandosi prima il corridoio de sopra, con tre celle con cucina, et il corridorino, tutto ad un tempo e poi il corridoro basso...Il refettorio nel suo principio era dalla parte del superiore, due finestre meno e nel muro haveva dipinto il Miracolo della Moltiplicazione dei Pani, di mano del Belisario. Parve poi al P.D.Girolamo Pignatelli ingrandirlo, e così buttato a terra quel muro, con perdita della pittura (del Belisario), e danno della fabbrica, ma con più proporzione e maestà del luogo. Il famoso pittore Michel'angelo Caravaggio hebbe vicino a cento scudi per farci la pittura che havea promessa: ma perché fu ammazzato si perdè la pittura con i denari: e vi dipinse poi il nostro fratello Matteo Zuccolini la sua prospettiva. In quest'anno 1630 che corre il quarantesimo del principio della fabbrica si vede finito tutto il braccio dalla banda di mezzo giorno: e da quella di levante e ponente, nove arcate, con lumagha e libraria e principio del claustro nuovo»[90].

---

[90] Da S.Savarese, op. cit,.p.126 e seg.che indica come fonte: BNN Ms. 678, *Libro della fabbrica della Ven. Casa de'SS. Apostoli di RR.PP.Teatini,* Fondo San Martino. M.Campanelli,*I Teatini,*a p.40,indica il 1646 come anno in cui i documenti Vaticani danno la Casa ultimata solo per metà.

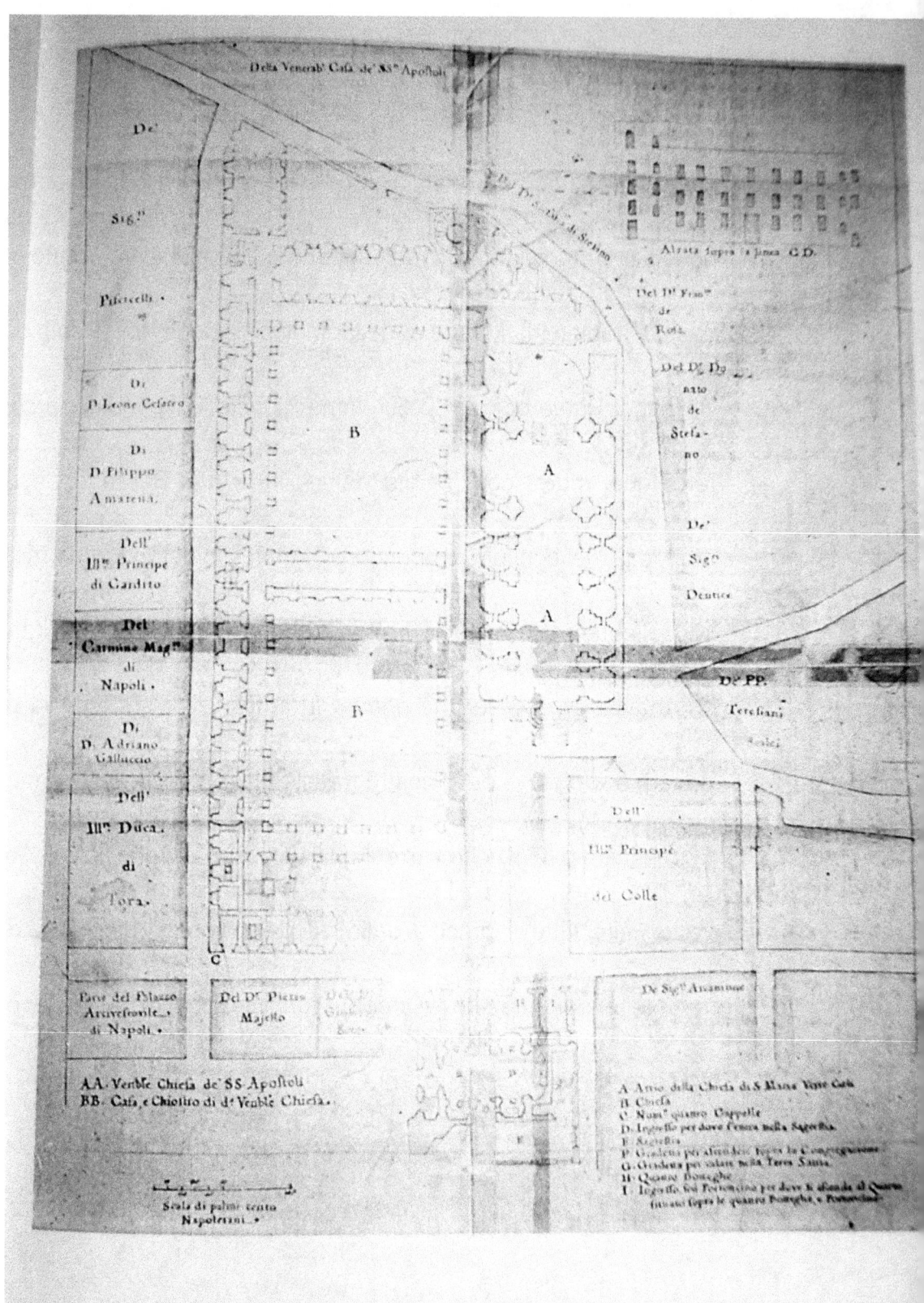

La pianta della Casa e l'alzato dei Santi Apostoli e della Chiesa, di mano del Grimaldi(tratto da S. Savarese, *op., cit.*, passim.) La lettura dei confini ci indica le proprietà che insistevano intorno al complesso teatino: confini lato est: Proprietà Sig. Piscicelli, Proprietà Don Leone Cefusco, Proprietà Don Filippo Amantea, Proprietà Ill.mo Principe di Cardito, Proprietà del Carmine Maggiore di Napoli, Proprietà Don Adriano Galluccio, Proprietà Ill.mo Duca di Tora; confini lato sud: parte del Palazzo Arcivescovile di Napoli, Proprietà Don Pietro Maiella, Proprietà Sig. Giuliano Serra, Proprietà Sig.

Arcamone; confini lato est : Proprietà del Principe del Colle, Proprietà dei Padri Teresiani, Proprietà del Sig. Dentice, Proprietà Don Donato de Stefano, Proprietà Don Francesco de Rosa, Proprietà Don Stefano di Serino.

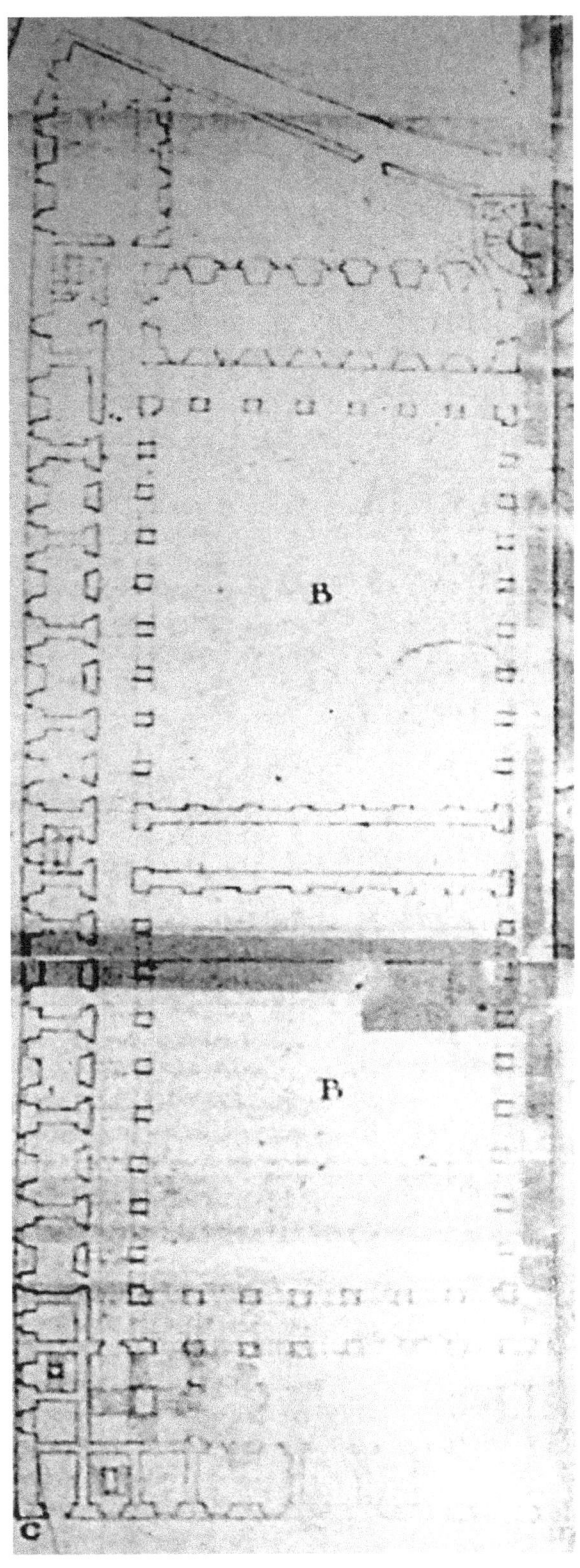

Particolare del convento dei Santi Apostoli dalla pianta del
originale dell'architetto Francesco Grimaldi

Particolare della pianta dell'architetto Grimaldi dove si vede l'alzato del convento

Particolare della pianta dell'architetto Grimaldi dove si vede la legenda del progetto

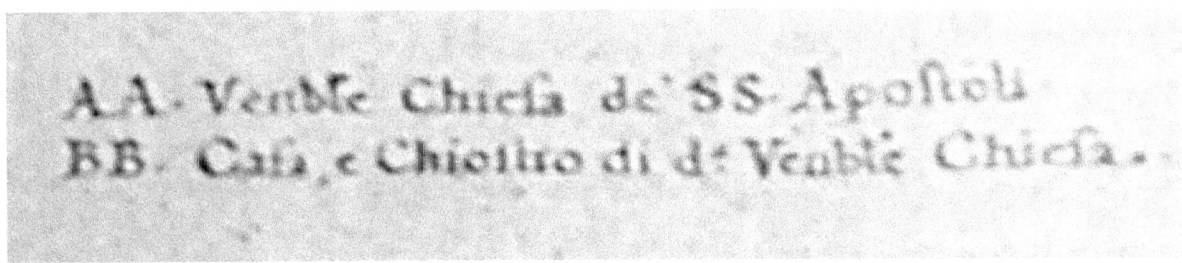

Particolare della pianta dell'architetto Grimaldi dove si vede la legenda del progetto riferita alla Chiesa e alla sua Casa Teatina

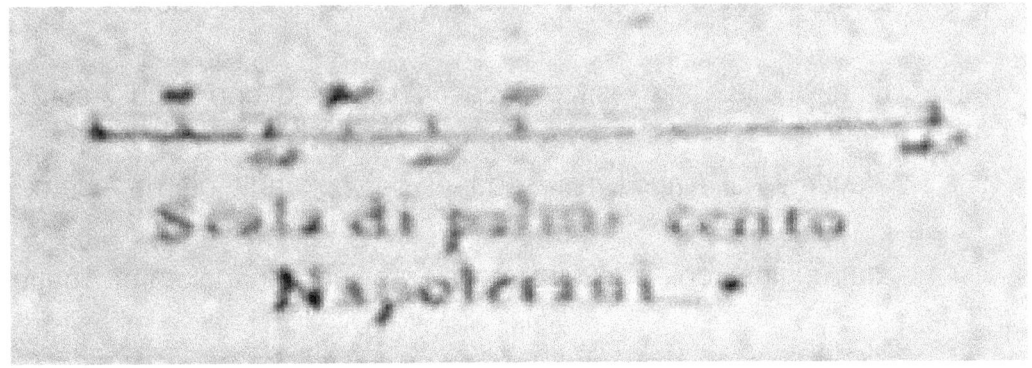

Particolare con la scala metrica del progetto in palmi Napoletani

La vita comune nella Casa era improntata alla frequente pratica dell'orazione secondo la "regola" e i dettami puristi della Casa Generale dei Teatini.

L'ufficio Divino- diurno e notturno- veniva sempre recitato e due volte al giorno si praticava anche l'orazione mentale. La refezione era accompagnata dalla lettura delle Sacre Scritture. Si digiunava, oltre che nei giorni prescritti, anche durante l'Avvento e nei venerdì e coloro che desideravano entrare a far parte dell'Ordine venivano affiancati ad uno dei Padri a cui veniva affidato il giovane professo da iniziare alla Regola.

San Gaetano da Thiene definì il suo Ordine un "Seminario di Sacerdoti", infatti nella Casa esisteva un noviziato ed uno Studio con il suo corpo docente.[91] Napoli era sede di sei conventi ed un esame dettagliato dell'origine dei conventi della provincia napoletana mette subito in evidenza l'eterogeneità delle categorie sociali cui appartenevano i fondatori.

Nobili, comunità del luogo, elementi borghesi avevano concorso alla erezione di essi, testimoniando così il proselitismo operato dai Teatini[92] come scrive Giuseppe Galasso: «Gli Ordini manifestavano così l'impulso a trasformare la vita religiosa in fervente attività sociale, sia di apostolato che caritativa e assistenziale: impulso vivo soprattutto nel monachesimo

---

[91] M.Campanelli,G.Galasso, *I Teatini* ,Roma, 1987, nota p.5.
[92] Idem, pp.37 e seg.

più recente. Il richiamo alla regola come norma della ricerca dello *status perfectionis* era, perciò, una sollecitazione di grande momento»[93].

Soltanto in tre casi i nobili erano stati tra i fondatori, come nel caso dei Santi Apostoli, fondata appunto dalla famiglia Caracciolo di Vico.

I redditi della Casa dei Santi Apostoli dipendevano principalmente dalle entrate mobiliari e più specificatamente dalle elemosine dei fedeli e dalle donazioni della cittadinanza. Le offerte, in denaro o in natura, erano fatti per lo più da personalità che restano ignote poiché non riportate dalle fonti documentarie.

Sappiamo però che una delle maggiori benefattrici dell'Ordine è stata Donna Costanza del Carretto,[94] che nel 1587 lasciò 1000 ducati alla Casa e 2000 alla Casa di San Paolo Maggiore. Altra entrata mobiliare era il reddito percepito a seguito di investimenti sul debito pubblico.

Per il complesso dei Santi Apostoli questi rappresentavano il 27,47% del reddito totale, attratti dalle prospettive di guadagno consentite dalle speculazioni praticate allora, infatti come dimostra anche lo sviluppo della Chiesa di San Paolo Maggiore contraddistinto dall'apertura di vico Cinquesanti che consentirà la creazione di un patrimonio immobiliare nel

---

[93] G.Galasso, *op.cit*, introduzione p.XIX
[94] Donna Costanza del Carretto aveva comprato il sito destinato alla costruzione del convento di Santa Maria degli Angeli dai Padri Gesuiti, che vi avevano un noviziato, dalle famiglie Rosa e Brancaccio. Giovanna d'Austria aveva procurato il luogo d'erezione del convento e della cappella nel borgo di Chiaia, donandolo ai Teatini affinchè se ne servissero come ritiro e per convalescenti. M. Campanelli, *op.cit.*, p.38

contesto dell'insediamento ecclesiastico. I Teatini, mostravano di conoscere e praticare gli investimenti sia da un punto di vista fiscale che proprietario.

I Teatini dei Santi Apostoli non scamparono però alla riforma degli arrendamenti[95] attuata dopo la rivolta di Masaniello del 1647.

La rendita fu svalutata dei 2/3 del valore nominale ed essi percepivano soltanto la terza parte degli interessi ad essi spettanti per il possesso di quote su fiscali e arrendamenti.[96]

I Padri consideravano ormai persi i 4000 scudi di cui erano creditori anche se, una sentenza favorevole ai Teatini, a conclusione di una lite che aveva bloccato per quattordici anni la riscossione di alcune rate, aveva messo i Padri del convento dei Santi Apostoli nella condizione di poter riscuotere 9.310 scudi.

Altro punto di forza erano i legati ma anche qui non mancavano le difficoltà, riuscendo il convento ed esigere soltanto la terza parte del dovuto. Il reddito immobiliare non aveva peso per la Casa rappresentando lo 0,58% delle entrate. Passando ad esaminare le spese, la parte più consistente (43,41%) era destinata al vitto, pochissimo al vestiario e

---

[95] Il termine è di origine spagnola e sta ad indicare l'appalto delle imposte dirette ad un privato.
[96] M. Campanelli, *op.cit*, p.43

all'infermeria e oltre alle spese per la libreria, il resto andava alla manutenzione della Chiesa e della Casa.

Riguardo l'importanza dello Studio e dell'attenzione ad esso destinato, sappiamo che i Chierici dovevano seguire un corso umanistico e completato il percorso di studio, dovevano seguire un insegnamento filosofico per tre anni e, infine, un' altro di teologia per altri quattro anni.[97]

Dall'Inchiesta Innocenziana, del 1649, apprendiamo che i Revisori, a cui era affidato il compito di esaminare le relazioni delle singole Case e accertarne le possibilità economiche e finanziarie, stabiliscono per la Casa dei Santi Apostoli un incremento di religiosi di nove unità, proprio per la corretta conduzione del convento e la relazione a cui si rifecero i Revisori fu redatta da D. Giacomo Capece Piscicelli, Chierico regolare, da D. Luigi De Luna, Chierico regolare ed approvata con sigillo da D. Ludovico Antinori Preposito dei Chierici Regolari in Santi Apostoli in data 9 Aprile 1650.[98] Alcune parti della relazione del 1650 risultano interessanti per desumere la vita del convento nel periodo di maggior espansione e attività della Casa dei Santi Apostoli a Napoli: «Il monastero dei Santi Apostoli dell'Ordine dei Padri Chierici Regolari, situato nella città di Napoli nel ristretto del seggio capuano, fu fondato ed eretto nell'anno 1575 insieme

---

[97] F.Andreu, *I Teatini dal 1524 al 1974- sintesi storica*, in «Regnum Dei», 1974 p.37
[98] M. Campanelli, *op.cit.*, p. 268

con la chiesa sotto il titolo et invocazione de Santi Apostoli(....) la struttura del detto manastero seu Casa è assai bella e magnifica, peroche contiene un chiostro grande in quadro con tre ordini di corritori[99], se bene la fabbrica non è ancora finita, essendone appena fatta la metà, come si dirà appresso. Contiene stanze numero 100 in circa, computandovisi anco alcune fatte di ripezzo sino a tanto che si seguiti la nuova fabbrica, che allhora si faranno diverse altre stanze et officine.

Non vi è stato prefisso numero determinato di Religiosi, ma sono stato hora meno, et hora più, conforme la fabbrica è andata di mano in mano avanzandosi. Però da molti anni in qua sono stati circa cento, e qualche volta più, si bene al presente essendone morti da circa due anni in qua nove Sacerdoti, e 3 Laici, et altri partiti, vi habitano di fameglia solamente Sacerdoti numero 32(....) Chierici professi numero 12 (....) Chierici Novitii numero 5(....)Laici Professi numero 20(....)Laici novitii numero 5(....)Secolari serventi numero 7, cioè due servitio per la chiesa, altri due per la Casa, un sarto, un portaroba, con un altro aiutante e si chiamano(...)

Non possiede casali, né masserie, né terreni, né poderi alcuni.

Ne meno grano.

---

[99] Lo scritto indica chiaramente la grandezza della Casa, specificando che vi è il Chiostro e tre piani con corridoi sopra di esso, l'intero edificio ha una superficie di circa 7000 metri quadri.

Ne biada.

Ne legumi.

Ne lini ò canape.

Ne legna grossa ò minuta.

Ne regaglie o altri frutti.

Ne meno possiede castelli.

Ne vigne o alboreti.

Possiede una casa grande, et un'altra piccola, che si tengono per vendere, non essendosi sinora trovate à vendere per il loro giusto prezzo, per li tempi calamitosi che sono stati. Queste case, detratte le reparationi et acconcimi e spigionamenti, ragguagliati li sei anni precedenti, sono di annuo affitto scudi Sc. 57,30

Non possiede molini.

Ne meno luochi di Monte.

Ne censi e livelli.

Possiede legati annui e donationi annue et elemosine certe, che ascendono ogn'anno a scudi 4888.80(....)

Non possiede prati, orti o giardini, ne meno oliveti, selve cedue etc.

Ne meno bestiame di sorta alcuna(....)»[100]

---

[100] M. Campanelli, *op.cit.*, p.262 e seguenti

Segue nella Relazione il dettaglio delle entrate e delle spese:«Item possiede per la fabrica della Chiesa annui scudi 1248,30 de quali per essere fondati sopra fiscali et arrendamenti se ne esige a pena la terza parte, come si è detto, cioè scudi 416,10. Item possiede per la fabrica della Casa annui scudi 665 quali sono hormai anni quattordici che non sono esatti per una lite che ci è stata, della quale si è già hauto la sentenza in favore…Item per peso di fabrica di chiesa spende tutto quello che esigge del denaro a ciò destinato come si è detto, cioè scudi 416,10…Item per peso di fabrica del convento spende tutti li scudi 665 di sopra all'introito notati, o tutto quello che ne può esigere…»[101]

E infine la nota di chiusura « Noi infrascritti, col mezzo del nostro giuramento, attestiamo d'haver fatto diligente inquisizione e recognitione dello stato del monastero suddetto e che tutte le cose espresse di sopra, e ciascuna di esse, sono vere e reali, e che non habbiamo tralasciato di esprimere alcuna entrata o uscita o peso del medesimo monastero, che sia pervenuta alla nostra notitia. Et in fede habbiamo sottoscritto la presente di nostra propria mano e segnata con il solito sigillo, questo dì 9 Aprile 1650.

D.Ludovico Antinori Preposito de Chiericin Regolari in S.Apostoli.

D. Giacomo Capece Piscicelli Chierico Regolare deputato.

---

[101] Idem

D. Luigi De Luna Chierico Regolare deputato. / Locus + Sigilli »[102]

La vita del convento era improntata sullo studio e sull'apostolato e ben doveva saperlo Gian Battista Marino, poeta massimo del XVII secolo, il principe di quel movimento letterario che da lui si chiamò *marinismo*. Egli volle, tornato a Napoli nel 1625, dopo una vita stramba e romanzesca, essere ospite nella Casa dei Santi Apostoli.[103]

Fra i religiosi il Marino rimase poco perché il Marchese Manso lo invitò nella sua villa di Posillipo, ma anche lì il poeta soggiornò per breve tempo, preferendo l'intimità della sua casa in via Toledo. Ivi si ammalò di febbre maligna con cancrena. Fece testamento il 22 Marzo 1625 ed in un codicillo del 23 dello stesso mese, espresse il desiderio che la sua libreria, trattenuta ancora nella dogana, restasse ai Santi Apostoli.[104] Morì il 25 Marzo, assistito da P. Francesco Bolvito. La stessa sera la salma fu portata privatamente in Santi Apostoli, ove il cadavere venne imbalsamato, quindi trasferito nella cappella pubblica del Manso. Questi doveva provvedere all'erezione della tomba e della statua del poeta, che aveva lasciato anche la somma necessaria. Il Marchese Manso non si curò più di erigergli il monumento nel complesso dei Santi Apostoli, mentre i Teatini il 22 Gennaio 1650 trasferirono le ossa del Marino nel nuovo

---

[102] Idem
[103] F.Strazzullo, *op.cit.*, p.96
[104] Idem

cimitero e le deposero nel lato dell'epistola rispetto all'altare della cripta, «e propriamente in quel sito che corrisponde sotto alla finestra che dà nella facciata della chiesa (finestra) ora fabbricata [chiusa nel 1807]. Nella testa di questo quadrilungo, che nel calare nel cimitero immediatamente finita la scalinata, arrivando nel piano, viene a stare nella mano dritta di chi scende, si vede dipinta nel muro l'Immagine, o sia il ritratto del Marini con gli allori, ed emblemi delle Muse con al di sotto un' iscrizione…A terra, e propriamente vicino all'istesso muro si vede alzato un poggio, in cui devono essere le ceneri del Marini, con sopra una lapide di marmo bianco posta a specchio, in cui si legge il seguente epigramma:

HIC TUMULUM MAGNI BREVIS EST HAEC URNA MARINI / ILLIUS HOC TEGITUR MARMORE FRACTA LYRA / CLARA MARI TRAXIT COGNOMINA GURGITO PLENO / CARMINA ARGUTO QUI DEDIT ORE SALES.

Questo mausuleo è situato in maniera che dalla detta finestra, ch'era sulla facciata della Chiesa, ben si vedeva, e ben si leggevano le iscrizioni.»[105]

Per avere un'altra conferma dell'importanza della biblioteca dei Teatini si riporta il brano tratto dalla *Napoli Sacra* di Gennaro Aspreno Galante «Uscendo dalla Chiesa a nostra dritta vediamo il *gran monastero di Santi Apostoli*, antica casa de'PP. Teatini, che avea l'ingresso sulla strada Santa

---

[105] BNN ,Ms.216.

Sofia. Era in esso una biblioteca ricchissima, ed un archivio tra i primi della Città, nel quale tra le più preziose cose serbavasi l'autografo della Gerusalemme del Tasso. Espulsi i Teatini nel decennio francese, la vasta libreria fu in parte raccolta nella biblioteca del Museo, ed il monastero divenne primamente quartiere militare, poscia opificio per la lavorazione del tabacco.»[106]

A testimonianza dell'importanza culturale e accademica del sito teatino occorre, ricordare che il sesto piano dell'attuale edificio, conserva nell'Aula 617, un affresco in cui si riconosce una mappa del cielo con i simboli dello zodiaco e con toponimi di luoghi esotici come Zanzibar o C. Negro. Si tratta di una delle poche preesistenze che hanno resistito alle incisive ristrutturazioni di un complesso che – con la soppressione e la relativa destinazione Ottocentesca a Reale Manifattura dei Tabacchi e poi a Liceo Artistico nel secolo successivo – ha vissuto radicali interventi.

.

---

[106] G. A. Galante, *Guida sacra della città di Napoli*, Napoli 1872, p.66

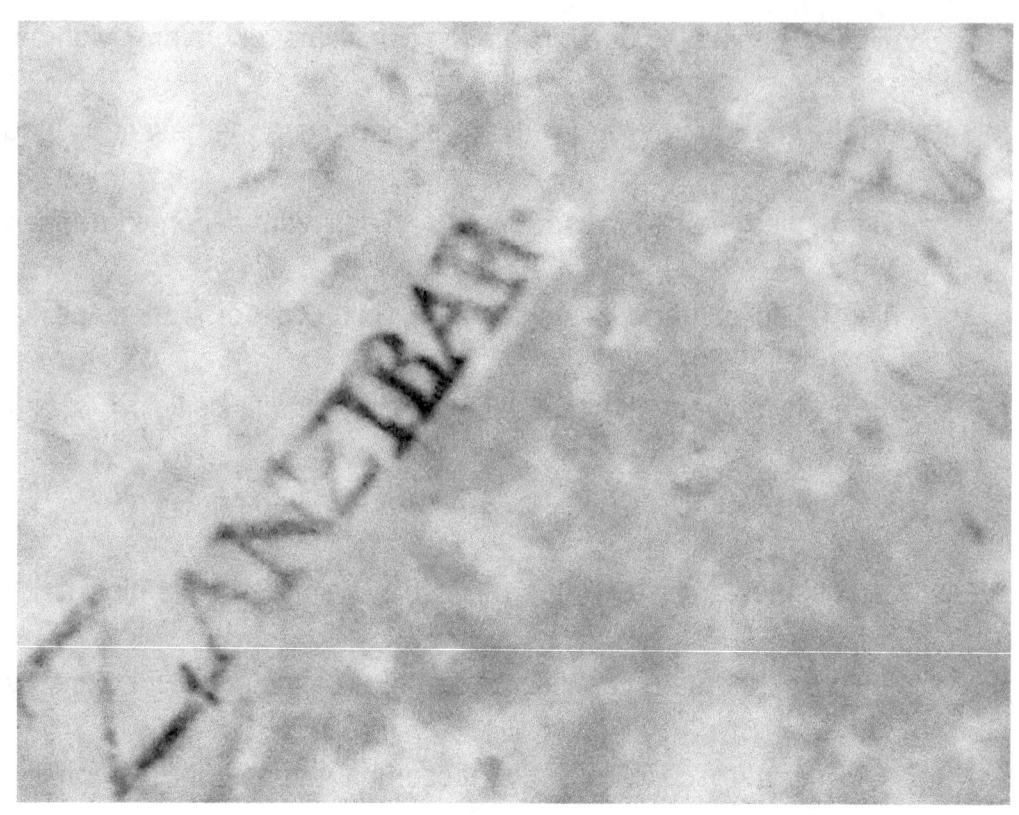

Particolare della volta affrescata nell'aula 617

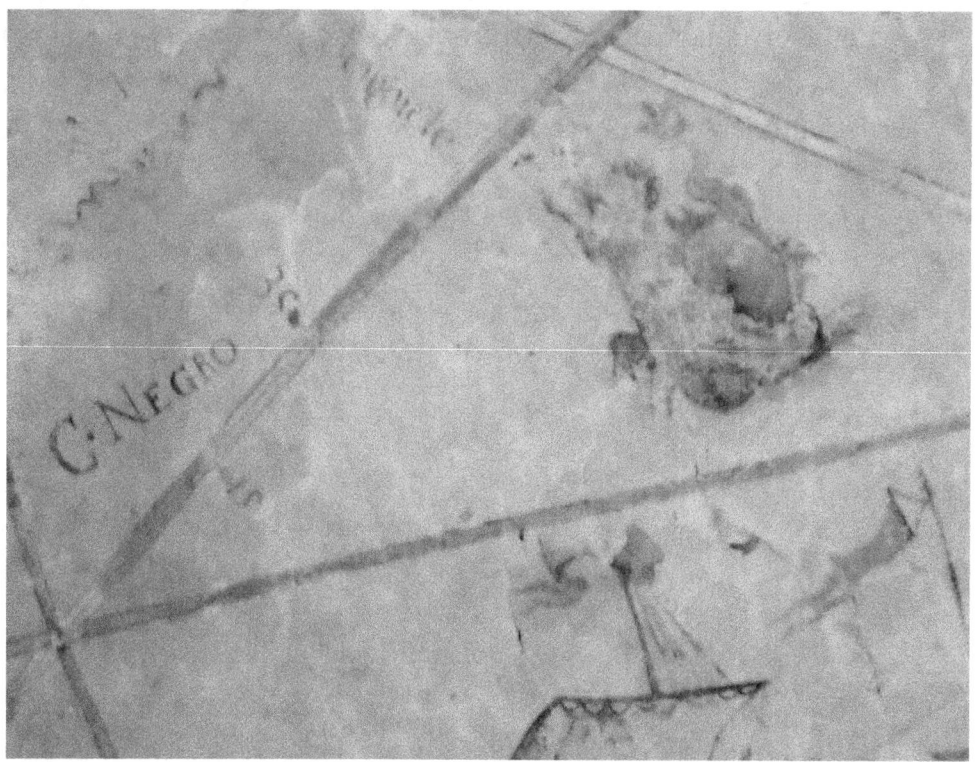

Particolare della volta affrescata nell'aula 617

Queste stanze dovevano essere gli ambienti di studio per i monaci e l'affresco richiama alla mente gli studi contemporanei dell'astronomo P. Giuseppe Piazzi, padre teatino della Casa di Santa Maria degli Angeli in Pizzofalcone dove visse e lavorò (1746-1826); in pessimo stato si conserva la stanza di studio del frate (è da segnalare che nel pavimento in marmo dell'aula si conserva lo zodiaco), in un'altra stanza vi era affrescato il firmamento, mappa tematica di ausilio agli studi dell' astronomo, scopritore di Cerere e degli Asteroidi nonché Direttore dei lavori per la costruzione dell'Osservatorio di Capodimonte. Purtroppo l'affresco fu distrutto a causa dei lavori di ristrutturazione compiuti alla fine del Novecento. [107]

---

[107] AA.VV. *Atlante della storia dell'astronomia*, Firenze 1999, pp.88 e seg.

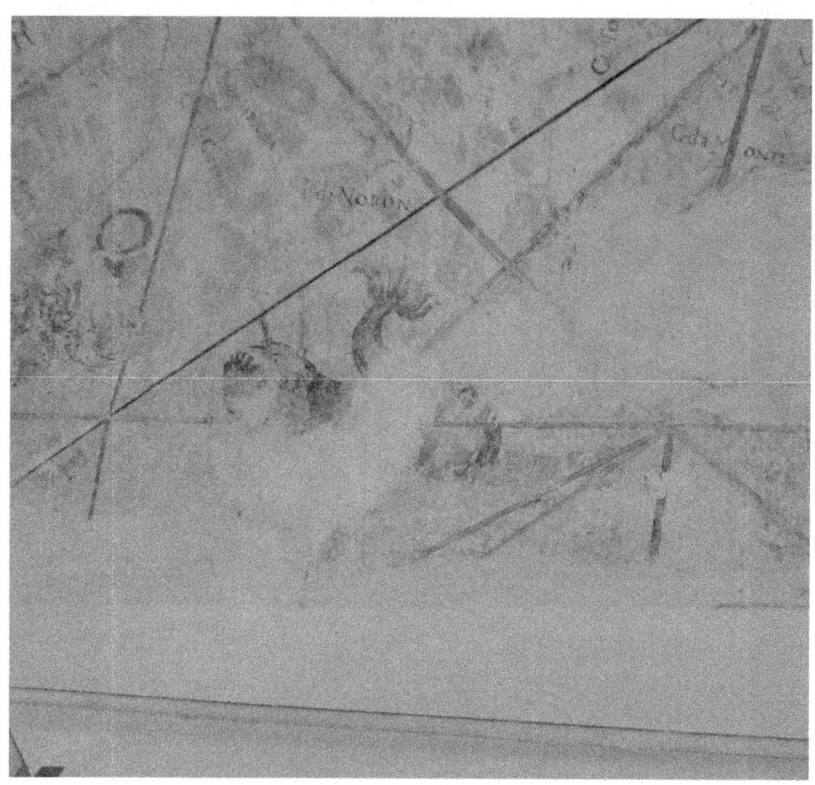

Particolari della volta affrescata nell'aula 617

Le *Notizie del bello e del curioso della città di Napoli* del Celano riportano quanto segue sulla Casa dei Teatini: «La magnificenza poi del monastero non era punto inferiore a quella della Chiesa. Né i PP. Avrebbero potuto sopperire si grande spesa senza l'aiuto di molte divote persone che si distinsero colle loro considerevoli largizioni. Vedevansi perciò vaghissime logge, sale spaziose, ed un bel refettorio nel quale Matteo Zuccoli dipinse varie prospettive (...) Oltre della grande scala[108], costrutta a' tempi del Card. Pignatelli e delle altre scalinate minori, eravane una a lumaca cotanto comoda, che gli animali potean salire sino all'ultimo piano del monastero.

Essendo stata dal terremoto de' 5 giugno 1688 diroccata buona parte di sì famoso edificio, si ebbe tutta la cura di riparare al danno con grandissimo dispendio dè Religiosi.

Nel 1758[109] fu edificato da nuovo l'altro braccio del chiostro, colla porteria all'incontro del vicolo[110], che dal nome della Chiesa vien detto dei Santi Apostoli, mediante la demolizione di un palazzo che quivi era e che fu all'oggetto comperato. Nel secondo recinto del chiostro medesimo eravi nel 1792 la Congregazione dell'Immacolata Concezione, cui andava

---

[108] Quella visibile sulla pianta del Grimaldi all'incrocio sud-est dell'edificio.
[109] Il nuovo braccio di cui parla il Celano è chiaramente visibile nella pianta della Casa che ho ritrovato all'Archivio Storico di Napoli, che in seguito riporto, dove sono indicate anche le varie destinazioni d'uso dei locali. Presente all'A.S.NA, Monasteri Soppressi, Fasci 4119-4149, Sezione Piante e disegni, Monasteri e chiese diverse, Cartella XIII, n.18.

[110] L'antica portineria era su largo Santi Apostoli, come si vede dalla pianta Grimaldi.

annesso il Monte del Santissimo Sacramento. E poiché i nostri concittadini serbano viva memoria di tante belle opere di pietà, alle quali i confratelli si esercitavano, diremo che questo monte fu fondato nel 1660 dall'Avvocato Orazio Giannopoli e dal Padre D. Carlo Pignatelli Teatino.[111]»

---

[111] C.Celano, *op.cit.*, pp.628,629.

3. La struttura ecclesiastica attraverso la cartografia storica

La pianta Lafrery del 1566, la Veduta Baratta del 1629 e la Pianta del Duca di Noja del 1770-1775 ci mostrano evidenti le tappe di trasformazione subite dal complesso dei Santi Apostoli e le evoluzioni del contesto urbano.

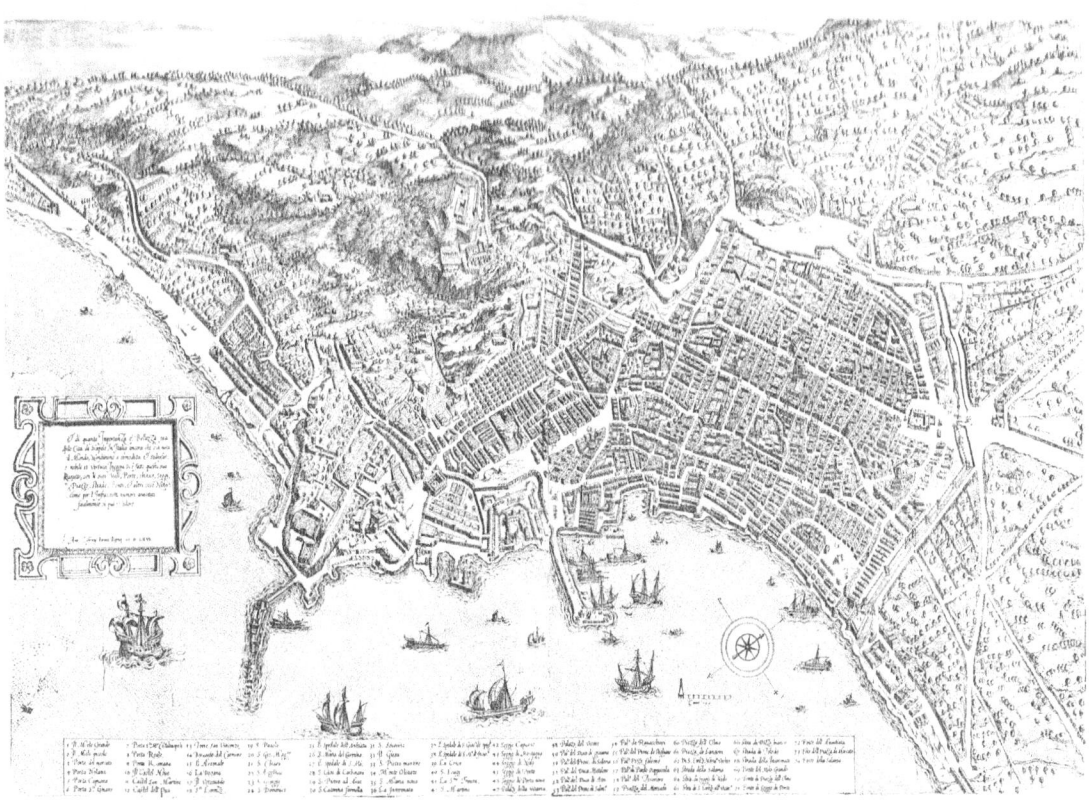

E.Dupèrac, A. Lafrèry, *"Quale e di quanta Importanza è Bellezza sia la nobile Cita di Napole in Italia"* Roma 1566[112]

---

[112] Per le piante citate si veda: G. Pane, V. Valerio, *La città di Napoli tra vedutismo e cartografia*, Napoli, 1987, pag.41. Incisione su rame, 518x832, Napoli, Collezione privata

Particolare della Pianta Lafrèry con la Chiesa dei Santi Apostoli.

La mappa Lafrèry fu redatta e stampata in coincidenza con la prima iniziativa di controllo urbanistico posta in atto dal governo viceregnale. Nel 1566, infatti, sotto la forte pressione di sviluppo indotto dalle realizzazioni di riassetto funzionale ed edilizio promosse da Don Pedro da Toledo fino a tutto il decennio precedente, l'amministrazione spagnola si vide costretta a promuovere la prima prammatica imitatrice del diritto di edificazione.

La mappa edita da Lafrèry potrebbe costituire effettivamente la "pubblicazione", nel senso letterale del termine, di un lavoro cartografico manoscritto (forse esclusivamente planimetrico) resosi disponibile all'epoca di quella prammatica, se non appositamente realizzato.[113]

---

[113] G.Pane e V.Valerio *"La città di Napoli tra vedutismo e cartografia"* Napoli1987, pag.42

A.Baratta, *Fidelissima Urbis Neapolitanae cum omnibus viis accurata et nova delineatio.* Napoli 1629[114]

---

[114] C. De Seta, *Alessandro Baratta Fidelissima Urbis Neapolitanae cum omnibus viis accurata et nova delineatio,* Napoli, 1986

Veduta Baratta[115], particolare con i Santi Apostoli (148)

Fra le vedute napoletane cui riconosciamo caratteri di documento topografico, la veduta Baratta è senza dubbio la più straordinaria. Essa è in primo luogo la più grande misurando circa un metro per due e mezzo, la prima dopo la Mappa Lafrèry, come impegno e precisione. L'estensione topografica rappresentata è delle maggiori che si conoscono: la città è rappresentata con i suoi borghi e con gran parte dei dintorni. Si estende dal Ponte della Maddalena al litorale di Pozzuoli e di Cuma con i Campi Flegrei. Questo carattere della Veduta appare nuovo, rispetto all'iconografia precedente, soprattutto per l'acquisizione al quadro di tutto

---

[115] Idem

l'arco del litorale, da Chiaia alla Gaiola, a significare e sottolineare l'espansione urbana in atto in quella direzione.

I Campi Flegrei sono arricchiti da riferimenti che testimoniano gli antichi miti, con resti degli antichi edifici e, sullo sfondo, le rovine di Cuma, con esplicito riferimento alle nobili e leggendarie origini della città.

Queste ultime, insieme a numerose notizie storiche, sono ricordate sinteticamente, nella lunga didascalia esplicativa che l'autore trae in larga parte dal testo del Summonte.

Il punto di vista dell'incisione è posto in alto sul mare, con l'intento di cogliere l'aspetto più tipico e pittoresco della città. Nell'insieme la Veduta si presenta come un insieme di più quadri prospettici, rispondente alla procedura del rilievo a vista seguita dall'autore, su di un impianto planimetrico posto in conveniente prospettiva.

La cosa che sorprende nella Veduta sono soprattutto i dettagli formali che l'autore ha saputo rappresentare : ornie di finestre e portali, cupole maiolicate, archeggiature di cornicioni e merlature, strutture bugnate ed altri particolari delineati con accuratezza.

Notevole e dal forte impatto visivo è anche la cavalcata che l'autore inserisce lungo la Veduta e che rappresenta la sfilata di nobili napoletani in occasione dell'insediamento del Vicerè o "di altre allegrezze". Al di sotto si trova la lunga legenda e la didascalia storica.

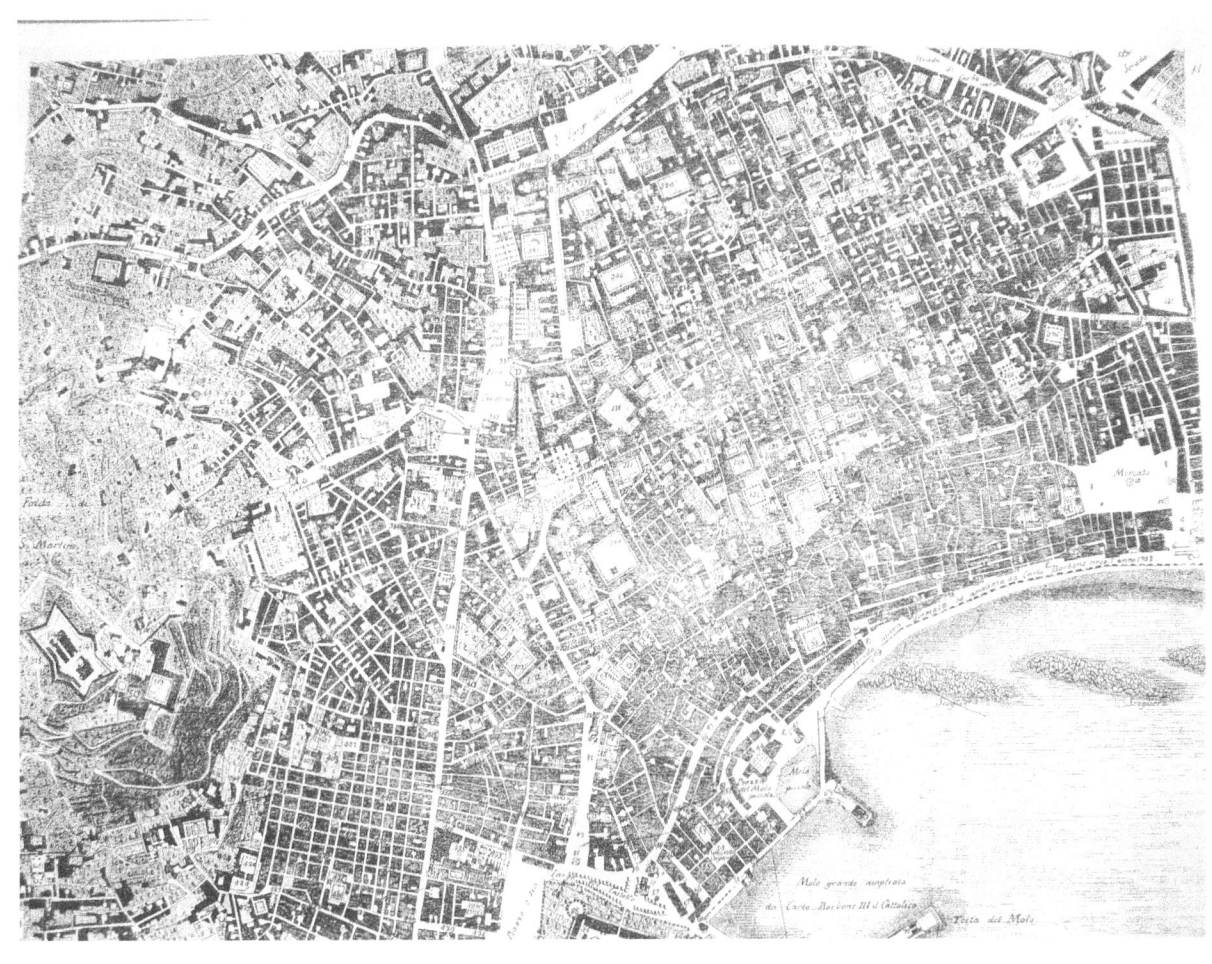

G.Carafa duca di Noja, N.Carletti, *Mappa Topografica della Città di Napoli e de' suoi contorni* (in 35 fogli) , Napoli 1775

Particolare della Mappa del duca di Noja . Il complesso dei Santi Apostoli è indicato con il n.295

La Mappa del Duca di Noja, ideata dal nobile napoletano nel 1750 per permettere al Principe (Carlo di Borbone) " di regolare il sito e l'ordine delle nuove ville", nasce dalla volontà di offrire all'illuminato Principe uno strumento di controllo sulla crescita della città e dei suoi sobborghi. Il Carafa propone una "geometrica delineazione" della città e così facendo allinea Napoli alle principali città europee. Egli vede la pianta non solo come un ritratto della città che deve diffondere la sua immagine di capitale, ma come uno strumento vivo, attraverso cui si media un contatto continuo con la realtà circostante. La Mappa fu ultimata sette anni dopo la morte del Carafa (1775) dal Carletti, che vi apportò anche le modifiche necessarie ad aggiornarla.

Tornando alle vicende che interessano il Complesso dei Santi Apostoli, si nota che nella pianta Lafrèry(1566) la Chiesa appare di piccole dimensioni, fiancheggiata da un campanile in corrispondenza della zona absidale e coperta da un tetto a capanna che non evidenzia l'altezza delle navate laterali, mentre sulla facciata è visibile un oculo centrale.

Davanti all'edificio si apre un ampio spazio in parte poi occupato dalla Chiesa seicentesca, delineato a destra da una cortina di case e da un grande palazzo prospiciente i Santi Apostoli.

Nella Veduta Baratta (1629) la situazione urbanistica è quella attuale, tuttavia la piazza è recintata da un muro in cui si apre una porta a tutto sesto. La facciata, diversa da come oggi si vede, presenta la parte centrale nettamente più alta rispetto alla copertura delle ali, mentre l'annesso convento è ancora in costruzione.

Cesare de Seta , nella nota che illustra la pianta Baratta, divisa in dieci giornate, al particolare 295 (148 nella Baratta) così illustra il Complesso «Convento dei Santi Apostoli 148 SS.Apostoli Clerici Re. Teati. La chiesa già una delle 22 parrocchie della città, nel 1575 passa ai Teatini, ai quali si deve una prima chiesa consacrata nel 1584. nella veduta della chiesa, part.295, con la facciata a capanna, appare recintata, mentre il convento è ancora in costruzione perché il chiostro presenta solo tre lati, con un'articolazione di due registri di arcate su pilastri e due con finestre. Dalla volumetria della chiesa è leggibile l'impianto con cappelle, senza transetto e cupola sulla crociera. In età della Baratta però il progetto (1610) di Grimaldi era in via di completamento; infatti ancora nel 1625 si cercava nuovo spazio per la costruzione della chiesa. Il campanile ,che non compare nella veduta, sarà realizzato a partire dal 1638.»[116]

L'attuale facciata, che non corrisponde alla sagoma presentata nella veduta, è anch'essa incompleta; la volumetria della chiesa, che può ricondursi all'attuale impianto,indurrebbe a pensare ad un'anticipazione grafica rispetto ai tempi di realizzazione. D'altra parte, però questa ipotesi

---

[116] C. de Seta, *op. cit.*, p.20

non si concilia con il fatto che la cupola non si mostri tratteggiata, per cui la veduta dovrebbe documentare la chiesa preesistente all'intervento di ammodernamento, il che non contrasta con l'avvio dei lavori nel convento.[117]

La Mappa del Duca di Noja (1775) riproduce la situazione odierna.

Nel 1840 il Real Officio Topografico realizza una cartografia di tutti quartieri napoletani e , nella pianta della Vicaria, la Casa Teatina è indicata come Caserma Santi Apostoli.

Nella pianta Schiavoni del 1877, il monastero è indicato come Fabbrica de' Tabacchi.

---

[117] Idem

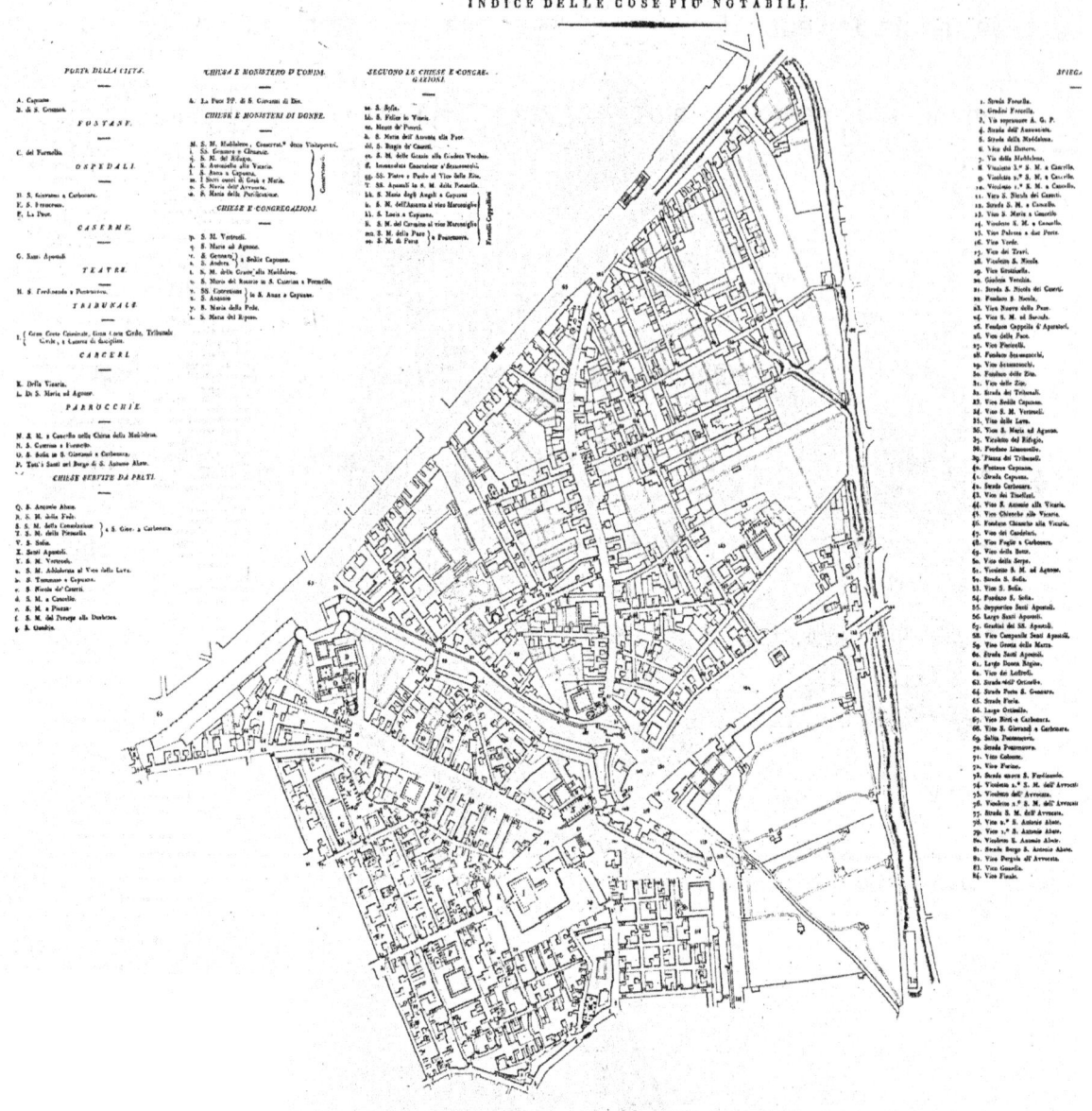

Pianta del Quartiere Vicaria[118] del 1840

---

[118] Real Officio Topografico, Napoli c.1840
Litografia ,570x675, Napoli Collezione Grimaldi,
tratto da G. Pane, V. Valerio, Op.Cit., p.351

Particolare della pianta topografica dl quartiere della Vicaria e della legenda dove i Santi Apostoli sono indicati come caserma e distinti con la lettera G.

CASERNE

G. Santi Apostoli

TEATRI

H. S. Ferdinando a Pontenuovo.

TRIBUNALE

I. { Gran Corte Criminale, Gran Corte Civile, Tribunale Civile, e Camera di consiglio.

CARCERI

K. Della Vicaria.
L. Di S. Maria ad Agnone.

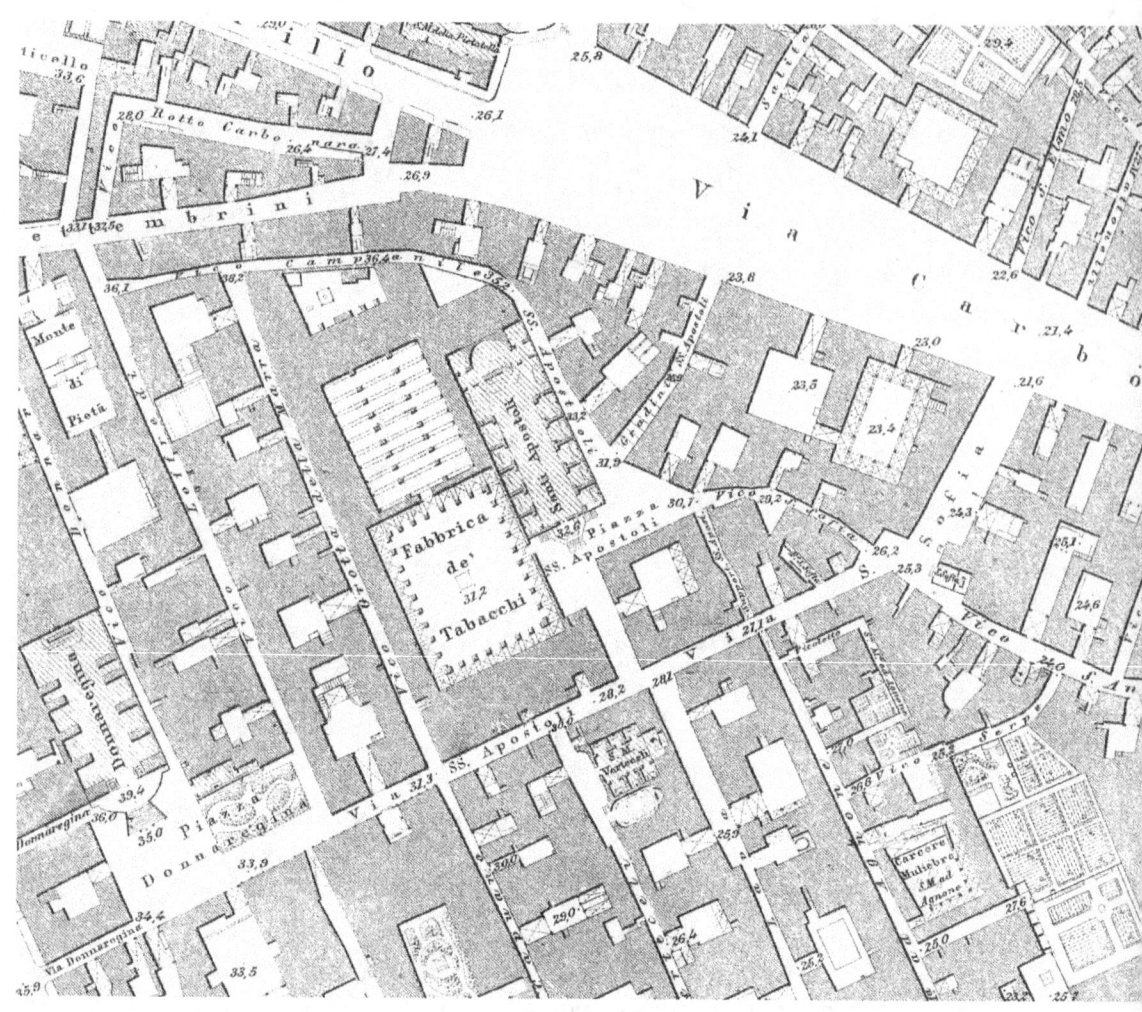

Pianta Schiavoni del 1877, il Monastero è indicato come Fabbrica de' Tabacchi[119]

---

[119] Dall' Archivio del Comune di Napoli, Cartografia Storica, Servizio pianificazione urbanistica generale, Casa della Città, Napoli

105

5. La soppressione del convento e la destinazione a Reale Manifattura Tabacchi

Una pagina di diario della Casa dei Santi Apostoli al 1º settembre 1806 annota: «questa mattina sono state soppresse le nostre case dell'Avvocata, della Madonna delle Grazie e della Vittoria». Al 3 settembre è appuntata una notizia che riguarda direttamente i Santi Apostoli «questa mattina è venuto l'ordine di mandare alle loro case i Novizi e Laici non professi»[120]. Con decreto del 13 febbraio 1807, Giuseppe Bonaparte sopprimeva alcuni ordini religiosi. Sono i primi segni delle leggi eversive applicate dal regime francese. I Teatini non erano ancora investiti dalla prima sequenza di provvedimenti. Il 7 agosto del 1809 un decreto di Gioacchino Napoleone Murat estendeva la soppressione ai Domenicani, minori conventuali, paolotti, carmelitani scalzi e calzati, frati del Beato Pietro da Pisa, serviti, religiosi di San Giovanni di Dio, agostiniani scalzi e calzati, silvestrini, basiliani, teatini, chierici minori regolari, crociferi, chierici della Gran Madre di Dio, barnabiti, somaschi, canonici regolari lateranensi. Dal 1809 la Casa dei Santi Apostoli entrava nel numero dei monasteri soppressi. In virtù di questo decreto tutte le proprietà dei teatini passarono al demanio dello Stato, comprese le opere d'arte, gli oggetti e

---

[120] BNN, fondo san Martino, ms 127, fol 81.

le suppellettili, le biblioteche e gli archivi. Una grave pena pendeva sul capo dei detrattori: «i superiori, e procuratori de' Monasteri Soppressi che avranno nascosto o lasciato sottrarre qualche porzione delle proprietà devolute allo Stato, saranno privati di ogni pensione».[121]

La chiesa fu lasciata aperta al culto per trasferirvi la parrocchia di Santa Sofia e, fino a che non avvenisse la traslazione, il vicario generale, Monsignor Della Torre, ne affidò la cura all'ex Teatino Don Giuseppe Carafa.[122]

Intanto un altro decreto di Gioacchino Murat destinava il monastero dei Santi Apostoli, come locale demaniale, alla Camera Notarile[123]:

« Gioacchino Napoleone

Re delle Due Sicilie

Sul rapporto del nostro Ministro dell'Interno abbiamo decretato, e decretiamo quanto segue:

Art.1°- La Camera di Disciplina Notarile, e l'Archivio de' Notari, da stabilirsi nella nostra buona città di Napoli, a tenore del nostro Decreto de' 3 Gennajo corrente anno, avranno residenza nel locale del soppresso Monastero de' Santi Apostoli.

---

[121] F.Strazzullo, *op cit* pp. 32 nota:Archivio di Stato di Napoli, Decreti Originali,27.
[122] Archivio di Stato di Napoli (d'ora innanzi denominato A.S.Na.) *Patrimonio Ecclesiastico*, fascio 880,incartamento 3
[123] A.S.Na., Sezione Politica, *Decreti originali*, 31

Art.2º- I Ministri delle Finanze, dell'Interno, ed il Gran Giudice Ministro della Giustizia e Culto sono incaricati della esecuzione del presente Decreto.

[Firmato] Gioachim Napoleon

Parigi 21 dicembre 1809.»

La deliberazione veniva confermata il 6 novembre 1816.

Sull'atto di soppressione scrive Franco Strazzullo: «I teatini non avrebbero mai creduto che la loro casa de'Santi Apostoli, per secoli testimone di pie salmodie, di religiosi convegni, asilo di mistico silenzio, avesse un giorno ospitato una conventicola di massoni.»[124]

Ciò che avvenne il 24 giugno 1811. Se ne legge notizia nel diario di Carlo De Nicola[125]:«Quest'oggi poi vi è stato un gran pranzo Massonico, dato, con gran pompa ma senza rito nel Chiostro del già Monastero dei Santi Apostoli di mille e cinquecento coverti, lautamente servito con gelati, caffè, rosolii (…) Il gran banchetto Massonico fu per il dì San Giovanni di està, che è una delle solennità dei Massoni, perciò si eseguì il lunedì 24 corrente che si celebrava la festa di San Giovanni Battista».

Dopo circa otto anni la Camera e l'Archivio Notarile preferirono trasferirsi nel complesso di San Paolo Maggiore e nel 1819 la Casa dei Santi

---

[124] F.Stazzullo , *La Chiesa dei SS. Apostoli a Napoli,* estratto da "Regnum Dei", Roma , 1957,p.60
[125] C. De Nicola, *Diario Napoletano*1798-1825, Parte II, Napoli, Società Napoletana di Storia Patria, 1906, p.566

Apostoli fu adibita a caserma per truppe a cavallo, così riporta il Celano a proposito della provvisoria destinazione militare:«Tutt'altro aspetto offre presentemente (1856) quel vastissimo fabbricato addetto, come dicevamo, a quartier militare, capace di un intero Reggimento di fanteria, e reputato uno de' più belli della Capitale!»[126]

Nel *Borderò indicante lo stato attuale de' locali de' Monasteri Soppressi nella Capitale-* compilato nel 1819, si legge per i Santi Apostoli:«addetto per caserma delle Truppe di linea. Nella Chiesa vi è trasferita la Congregazione del Sacramento ch'era nel Chiostro».[127]

Con domanda presentata il 24 Aprile 1820, il generale Filangieri chiedeva di darsi al reggimento Real Palermo, accasermato al Carmine, il quartiere di Santi Apostoli, rimasto vuoto per la partenza del reggimento Real Napoli, e vigilato dalle guardie del Genio. Il permesso non venne e la caserma restò abbandonata. Nel Luglio dello stesso anno i soldati di Principato Ultra si rifiutavano di prendere in consegna la caserma di Santi Apostoli.

Il fatto va spiegato non solo come ripercussione della rivolta che in quel tempo era scoppiata nell'esercito borbonico, pure per lo squallore del

---

[126] C. Celano, *op. cit.*, p.629.
[127] A.S.Na., *Patrimonio Ecclesiastico,* fascio 69. Nel Chiostro era pure l'Oratorio di Santa Maria del Parto detto dei Dottori. Fondato nel 1614, accoglieva solo i dottori, o figli o fratelli, o nipoti dei medesimi fratelli. I sacerdoti non dovevano essere fratanzari, né al servizio di altri.

locale.[128] Il comando militare accusò il genio civile di aver permesso il saccheggio della caserma.

Datata 1°novembre è una nota dell'Ufficiale del 4° Ripartimento che disponeva il rimborso di 18 ducati al conservatore Falcon per la pulizia eseguita nelle caserme di Materdei e dei Santi Apostoli.[129] Pierluigi Lombardi specifica che la "bonifica" fu resa necessaria dalla presenza nei locali di topi e parassiti.[130]

Con un ministeriale del 18 settembre 1821 era stata approvata la spesa di ducati 6043 per i lavori da farsi per rendere abitabile la caserma dei Santi Apostoli. Il partitario Antonio Pirozzi diresse l'impresa fino al 1822 inoltrato[131]. Nel 1822 la caserma dei Santi Apostoli venne assegnata alle truppe austriache.[132]

Nel novembre del 1822 Ferdinando I assegnava alla Compagnia del Gesù, riammessa nel regno di Napoli con decreto del 3 settembre 1821, la chiesa e la casa dei Santi Apostoli a vantaggio della gioventù studentesca napoletana, aggiungendovi una donazione annua di seimila[133] ducati. La delibera del sovrano fu accolta con entusiasmo, anche se i Gesuiti

---

[128] F.Strazzullo, op.cit.,p.61
[129] A.S.Na, Sezione Militare, Segreteria antica, fascio 445
[130] P.Lombardi,Il Convento dei Santi Apostoli:dalla decadenza al restauro,in« K International Ceramic Magazine», 5,(1988),Milano,pp.56 e segg.
[131] A.S.Na, Sezione Militare, Ministro Guerra, fascio 2121
[132] A.S.Na, Sezione Militare, Ministro Guerra, fascio 1948,distrutto nell'ultima guerra, a Pizzofalcone. Gli Austriaci furono chiamati a Napoli dal Re Ferdinando per sedare la rivolta scoppiata in seguito ai Moti del 1820-'21, e il 23 marzo del 1822 le truppe straniere stroncarono il regime costituzionale.
[133] F.Strazzullo, op.cit, p.62

avrebbero dovuto aspettare lo sgombero delle truppe austriache. Chiesero allora l'esercizio immediato della Chiesa, ma sta di fatto che, come accaduto nel secolo XVI, non misero piede ai Santi Apostoli. Il 23 agosto del 1825 il provinciale dei Gesuiti chiedeva a Francesco I che, in cambio della Casa dei Santi Apostoli ancora occupata dagli austriaci, gli concedesse il locale di san Sebastiano, trasferendosi altrove il collegio di musica. La richiesta fu accolta e, con decreto del 15 settembre 1826, Francesco I assegnò ai gesuiti San Sebastiano e all'art.3 del detto decreto riconcesse il locale dei Santi Apostoli al Dipartimento della Guerra, al quale apparteneva.[134] Il 6 giugno 1826 Francesco I, informato dello squallore in cui versava la chiesa dei Santi Apostoli, l'affidava, con un decreto[135], alla tutela del pio Stabilimento di Santa Maria Vertecoeli, dalla cui amministrazione già dipendevano le chiese di Santa Croce al Mercato e Santa Maria del Pianto. Infine, o perché la manutenzione del monumento dissanguasse la cassa dell'amministrazione, o per timore di un crollo della chiesa, lo Stabilimento di Vertecoeli, pur conservando ancora la tutela di Santa Maria del pianto e di Santa Croce al Mercato, tra il 1871-72 si scaricò del peso di Santi Apostoli, lasciando la chiesa all'Autorità Ecclesiastica.

---

[134] A.S.Na, Sezione Politica, *Decreti Originali*, 230 ,n.1951
[135] A.S.Na, Sezione Politica, *Decreti Originali*, 227, n.1093

La chiesa per un certo tempo restò chiusa finché il Cardinale Sisto Riario Sforza, la cui famiglia da un secolo godeva il diritto di patronato sulla Cappella del Crocifisso in Santi Apostoli, volle con principesca munificenza riportare all'antico splendore il monumentale tempio, affidandone il restauro all'architetto Michele Ruggiero[136]. Il 28 Giugno 1872 la chiesa veniva riaperta al culto, mentre il soppresso monastero, che almeno fino al 1860 era adibito ancora a caserma, dopo l'espulsione dei Borboni divenne sede della Manifattura del tabacco.[137]

---

[136] P.Rossi, *Il Neorinascimento e l'eclettismo: architettura ed architetti*, Napoli, 1997, p.110

[137] F.Strazzullo, *Op. cit.*, pp.66,67. In nota lo storico riporta:« Dalla pandetta del Ministero Guerra (A.S.Na, Sezione Militare) si attingono notizie utili al soppresso Monastero dei Santi Apostoli per il tempo che servì da caserma. Ma non tutti i fasci di carte si sono salvati dopo gli ultimi eventi bellici, durante i quali l'Archivio di Pizzofalcone subì sensibili danni. Tuttavia possiamo accertare che la documentazione per la caserma dei Santi Apostoli va dal 1821 al 1860. Ne riportiamo l'indice, segnando tra parentesi i fasci mancanti.

Fascio 2121, pratica 3248 (scandagli) Anno 1821
» 2121 » 3502 (lavori) A.1821
» 2400 » 3586 (espurgo latrine) A.1821 (manca)
» 2121 » 3664 (lavori) A. 1821
» 1948 » 1380 (Edifici vari-Consegna agli Austriaci) A.1822 (manca)
» 1948 » 1783 (Consegna dell'ex monastero dei SS. Apostoli alle truppe austriache) A. 1822 (manca)
» 2118 » 2319 (lavori) A.1822
» 2121 » 2472 (lavori) A.1822
» 2118 » 2662 (lavori) A.1822 (manca)
» 2158 » 3468 (lavori) A.1822
» 2158 » 3248 (lavori) A.1826
» 1963 » 2539 (fitto di due quartini) A. 1833 (manca)
» 1970 » 256 (lavori) A.1835 (manca)
» 1978 » 1546 (iscrizione lapidea) A. 1836 (manca)
» 1987 » 2447 (lavori) A.1837
» 1990 » 1923 (lavori) A.1838
» 1997 » 745 (lavori) A.1840
» 2002 » 81 (lavori) A.1841
» 2005 » 1072 (lavori) A.1842
» 2010 » 3611-18 (lavori) A.1843
» 2019 » 250,858 (lavori) A.1844
» 2024 » 4583 (lavori) A.1845 (manca)
» 2037 » 1698 (lavori) A.1847 (manca)
» 2037 » 3168 (togliere le comunicazioni con la chiesa) A. 1847 (manca)
» 1922 » 2302 (lavori) A. 1851 (manca)
» 1921 » 4154 (lavori) A.1851 (manca)
» 2095 » 2219-4875 (lavori) A.1859
» 2095 » 605 (per una sala di scherma) A. 1860. »

Il Decennio Francese portò, con la soppressione degli Ordini Religiosi, ad un rinnovamento della struttura sociale ed economica del Regno. «In un primo momento, con l'abolizione dei monasteri, il governo transalpino incamera una quantità di beni che destina a strutture di servizio civile e militare, che successivamente, nella seconda fase del regno borbonico (1815-1860), saranno adibite a opifici e a impianti di servizio dei complessi produttivi.»[138] Nella seconda metà del XIX secolo il convento di San Pietro Martire prima, poi quello dei Santi Apostoli divennero delle manifatture dei tabacchi.

Il convento di San Pietro Martire, attuale Facoltà di Lettere della Federico II e la facciata del convento dei Santi Apostoli, attuale Liceo Artistico

---

[138] P. Rossi, *Le principali manifatture nel centro della capitale (1815-1860)*, Napoli, 1992, p. 335 e seg.

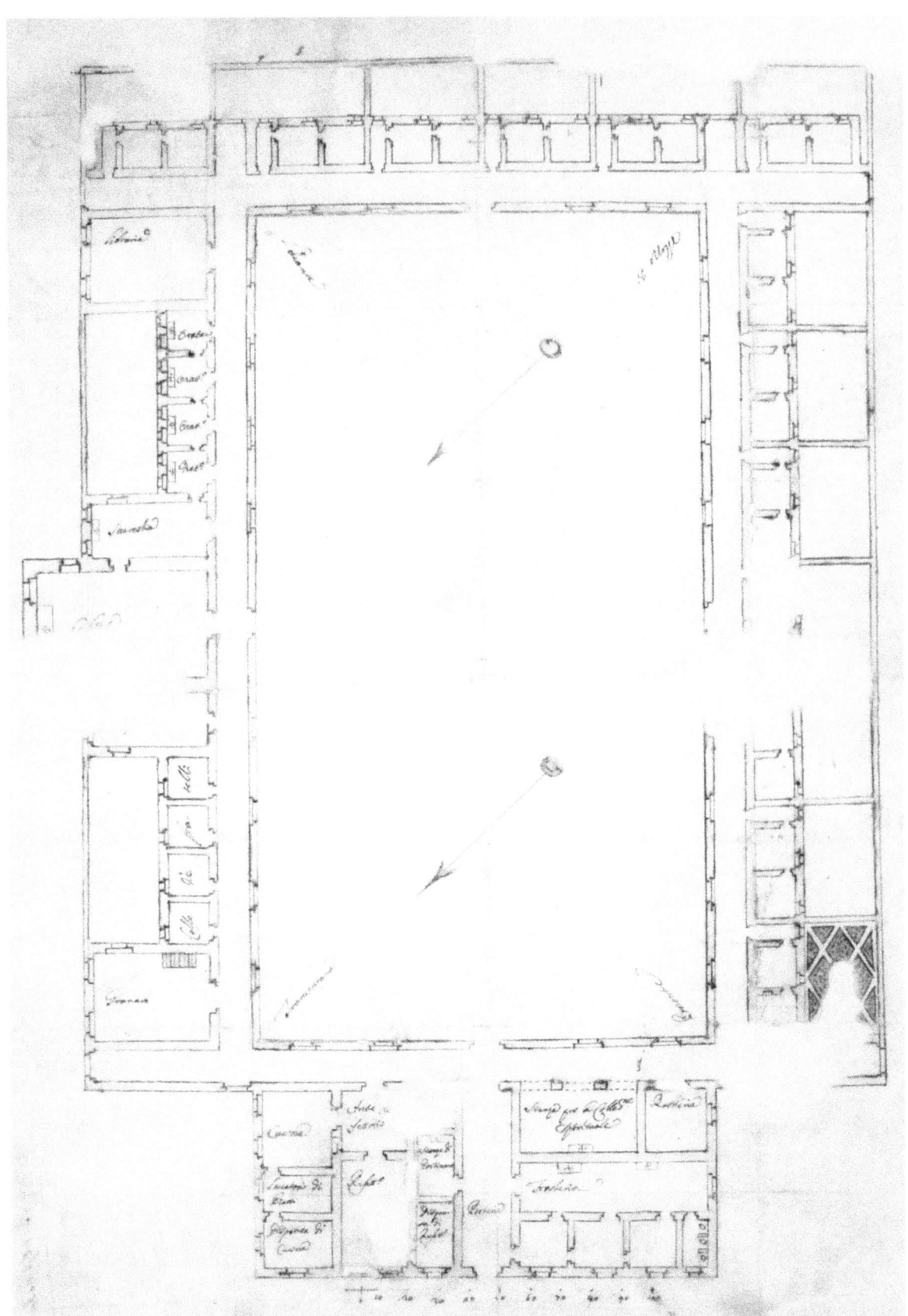

Pianta del Monastero dei Santi Apostoli eseguita al momento della soppressione Presente all'A.S.Na.,Monasteri Soppressi,Fasci 4119-4149, Sezione Piante e disegni, Monasteri e chiese diverse, Cartella XIII, n.18

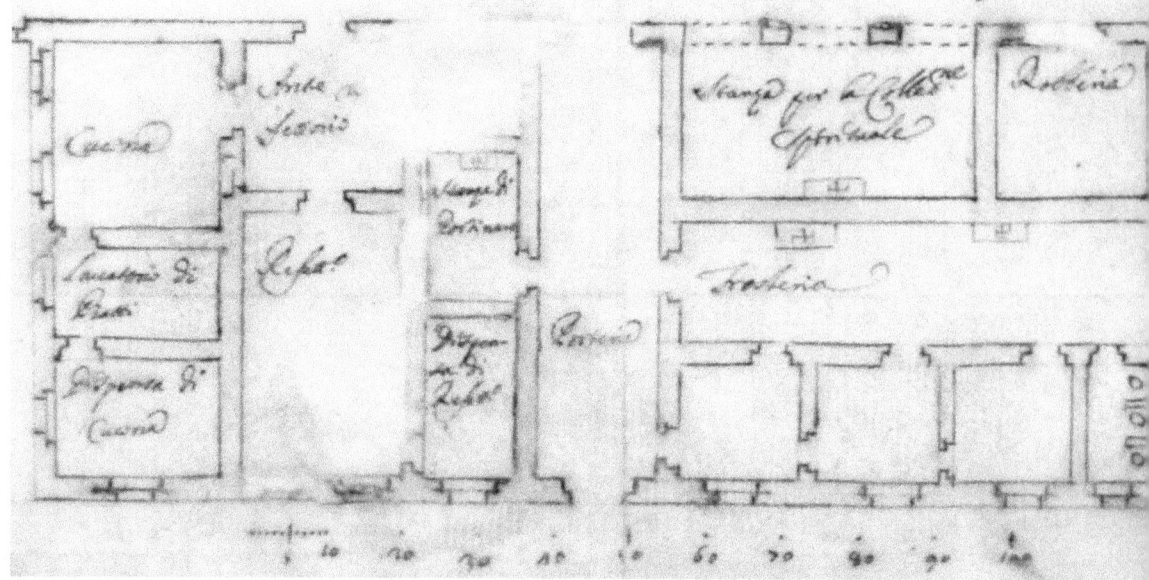

Particolare del braccio nuovo. Si possono leggere le destinazioni d'uso delle stanze del braccio nuovo: cucina, lavatoio di piatti, dispensa di cucina, ante del refettorio, refettorio, stanza di Comunione , dispensa di refettorio, porteria, stanza di digiuno quaresimale, robberia, frateria. Dal particolare è visibile nell'angolo destro una stanza per i servizi igenici.

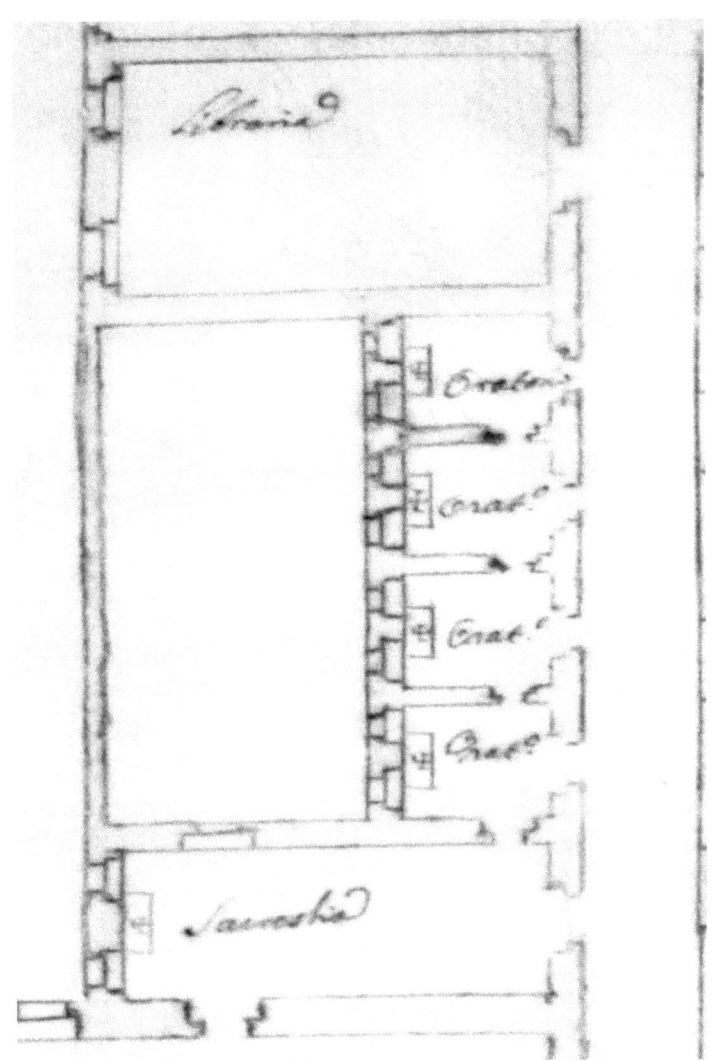
Particolare del braccio ovest: libreria, cappelle, sacrestia

116

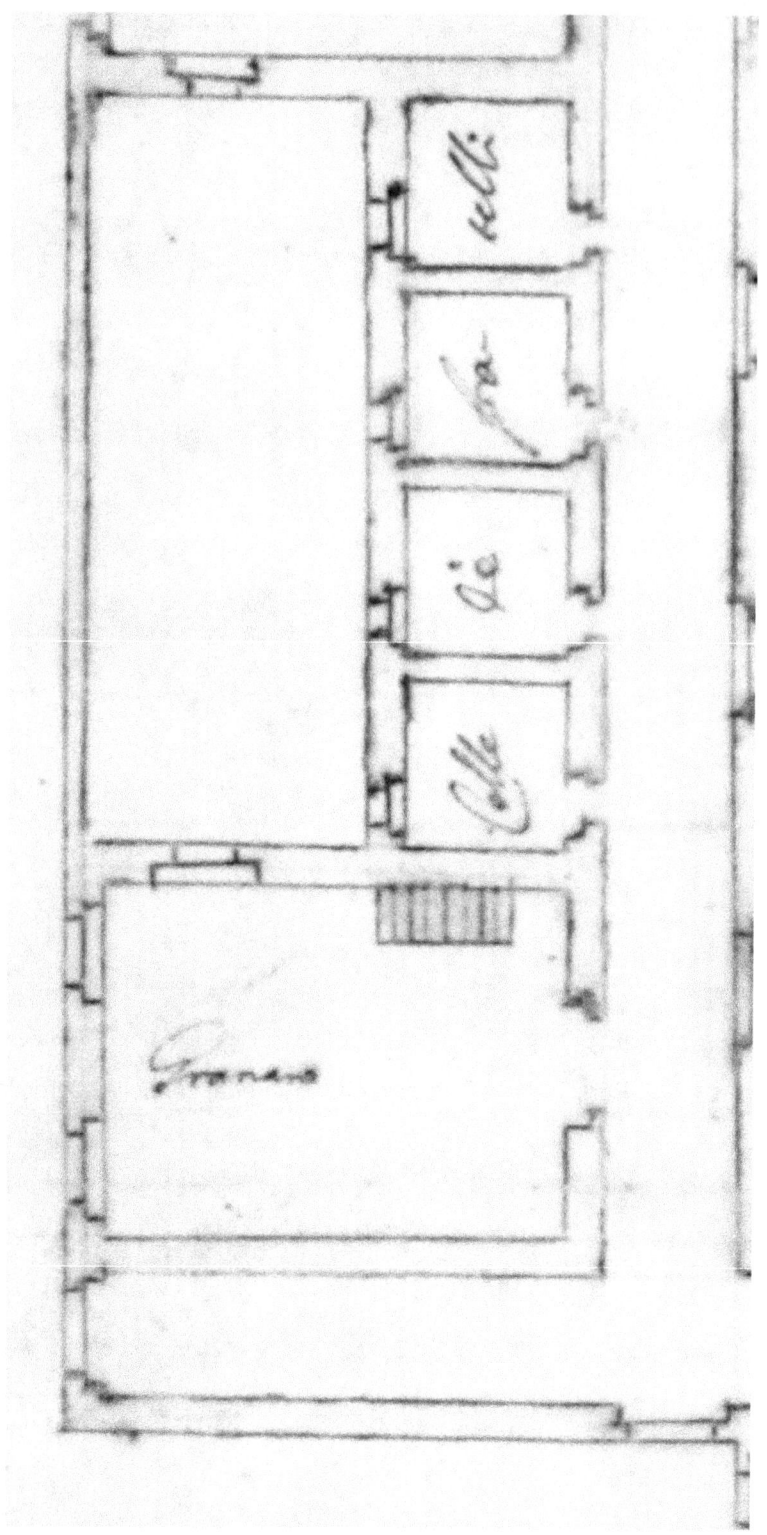

Particolare del braccio ovest dove si leggono le destinazioni di uso: granaio, celle dei fratelli.

Fu Gioacchino Murat, ad introdurre nel Regno di Napoli, con una legge, la coltivazione del tabacco. Ferdinando I, poi, apportò due modifiche alla suddetta legge: fece del tabacco un Monopolio di Stato e limitò la coltivazione della pianta ai dintorni di Salerno e al territorio di Cava de' Tirreni, diviso per zone a seconda delle specialità, che allora erano prevalentemente tabacco Kentucky e "nostrano" detti anche "brasiliano e "beneventano", mentre il tabacco importazione proveniva soprattutto dalla Virginia, negli Stati Uniti d'America. Nel 1845, vista la crescente produzione di tabacco nel territorio cavese, fu istituita a Cava de' Tirreni una fabbrica succursale della Manifattura napoletana.[139]

Il primo convento destinato alla Manifattura Tabacchi fu quello di San Pietro Martire. La trasformazione del complesso fu affidata a Errico Alvino, il cui progetto interessò organicamente tutto l'impianto conventuale.[140]

La grande richiesta del mercato determinò, dopo il 1860, la necessità di un ulteriore spazio per la produzione e la scelta cadde sul complesso dei Santi Apostoli. Anche per quanto riguarda l'originaria Casa teatina, la trasformazione fu a carico dell'intera struttura.[141]

---

[139] G.D'Amore, *Il sigaro attuale di Cava*, in «Il Tabacco» 11,(2003),Salerno, p.55
[140] P.Rossi, op.cit, p.341
[141] Prima di analizzare la struttura dell'opificio bisogna accennare a quale tipo di lavorazione doveva adempiere. Alcune fasi della lavorazione dei sigari, prodotti utilizzando tabacco Kentucky coltivato in Italia e tabacco Virginia, sono rimaste le stesse di un secolo fa. Il tabacco, all'arrivo in Manifattura, è messo all'interno di grandi gabbie e immerso nell'acqua per circa mezz'ora e poi lasciato sgocciolare. La fermentazione spontanea inizia subito dopo e quando la temperatura arriva a 50/60 gradi, per evitare che possa marcire, il tabacco viene raffreddato e arieggiato. In circa 24/48 ore le foglie

Con i Teatini dietro al grande Chiostro vi era un giardino di pari dimensioni, come già detto, dove era un pozzo collegato all'Acquedotto della Bolla[142]; in seguito, come si vede nella Carta Carafa, anche intorno al giardino fu fatto un porticato in continuità con quello del Chiostro, che era ad alte arcate a tutto sesto.[143] In un primo tempo la Manifattura cominciò a lavorare senza trasformare i locali, ma utilizzandoli come si presentavano.

La facciata presenta tutt'ora le modanature che incorniciano cieche finestre, presenti invece come vere aperture nel disegno del Grimaldi. Ne deriva un altro innesto di paesaggio industriale in un edificio religioso e ne risente anche l'esterno: la parete del chiostro, in angolo con la chiesa,

---

sono essiccate con un sistema naturale forzato, cioè l'affumicatura con legno di quercia, che darà il tipico colore marrone scuro alla foglia. Questa operazione è eseguita circa 3 volte nell'arco dei 14 giorni del primo ciclo di fermentazione. A causa dell'umidità molto elevata, il tabacco è inviato al prosciugamento e successivamente ad una seconda fermentazione per altri 8/10 giorni. Quindi, il prodotto passa al tagliatestate, dove le foglie sono private delle testate e preparate per la scostolatura. Qui, dopo essere stata aperta e selezionata manualmente, con un'apposita macchina la foglia viene privata della costola centrale e divisa in due lembi (destro e sinistro), per poi essere utilizzata come fascia esterna del sigaro. A fine lavorazione i sigari hanno ancora un'umidità molto elevata ed è necessario ancora un rapido prosciugamento. In questo periodo la foglia che fascia il sigaro, ancora fresca, inizia a fermentare. I sigari, non completamente sigillati per permettere la traspirazione, sono lasciati riposare a temperature ed umidità controllate, per una seconda essiccazione di ben 12 mesi prima di metterli in commercio. Per quanto riguarda l'interno del sigaro, il tabacco, anch'esso bagnato come per la fascia, è sistemato in grandi cassoni per favorire la fermentazione. Quando ha raggiunto la temperatura di 66°C ca., il tabacco passa al prosciugamento e, successivamente, alla battitura, per diventare così utilizzabile nella successiva lavorazione come interno dei sigari. Il confezionamento avviene con una macchina semimanuale, in cui un operatore introduce costantemente l'interno. Nello stesso tempo una sigaraia stende la fascia su una formetta rotante. Fascia che, poi, viene tagliata secondo la forma stabilita e trasportata da una braccio su un telo di gomma formando, con un movimento opportuno, il sigaro. I sigari così confezionati, a questo punto, vengono stesi su telai e sottoposti a controlli per verificarne diametro, lunghezza, peso e tiraggio. Trascorso questo periodo, il prodotto è sottoposto a una cernita accurata, quindi avviato alla maturazione e solo dopo sarà destinato alla vendita.(Tratto da D'Amore G., *Storia della lavorazione del tabacco,in« il Tabacco»*,11,(2003),Salerno)

[142] Altri due acquedotti sono presenti sotto la struttura del Monastero e si collegano a quello della Bolla: l'acquedotto Cesareo e l'acquedotto del Carmignano.
[143] I.Ferraro,Napoli *Atlante della città storica,Centro Antico*,Napoli 2002,pp.476 e segg.

viene decorato con finte finestre ad arco ribassato, in modo analogo al Monastero di San Pietro Martire, secondo uno stile classicheggiante rispondente come uniformità stilistica alla nuova destinazione d'uso.[144]

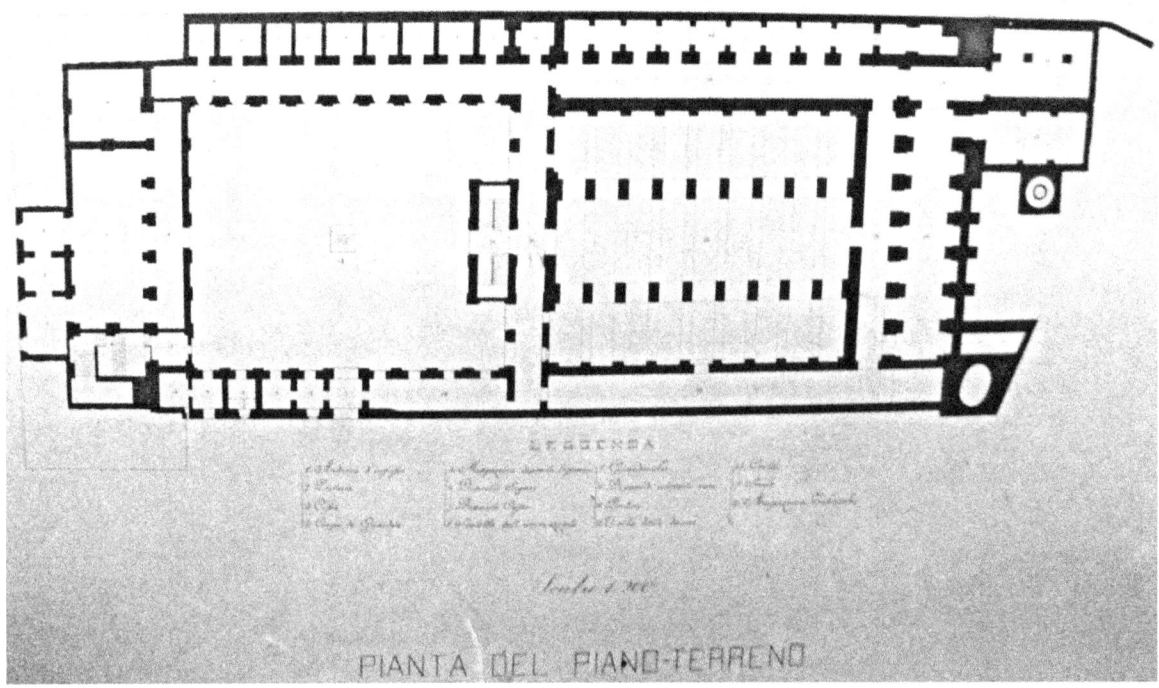

Pianta del piano terreno (Collezione privata arch. Maria Cristina Sodano)

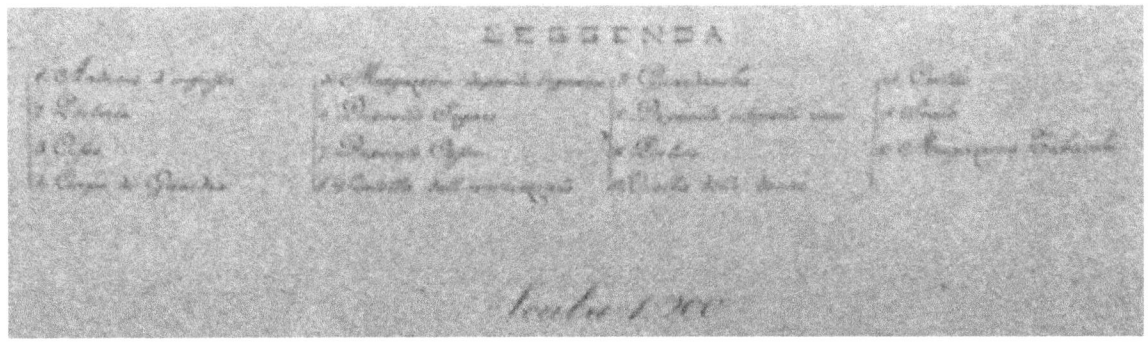

La pianta dell'edificio nei primi tempi d'insediamento della Manifattura. Stato antico, pianta del piano terreno, nella "legenda"[sic] sono indicate le destinazioni dei locali del convento:1: androne d'ingresso, 2: porteria, 3: casse, 4: corpo di guardia, 5: magazzino deposito, 6: deposito sigari, 7: deposito casse, 8: scaletta dell'ammezzato, 9: guardaroba, 10: deposito utensili vari, 11: portico, 12: visita delle donne,13: cortile,14:pozzo,15: magazzino tabacchi.[145]

---

[144] Idem, p.478
[145] Le piante e i disegni riprodotti appartengono all' arch. Maria Cristina Sodano e all'arch. Vincenzo Sodano, che si ringraziano per la gentile concessione alla pubblicazione di questi inediti, nel presente studio per la tesi di laurea.

Sezioni trasversali dello stato antico del convento

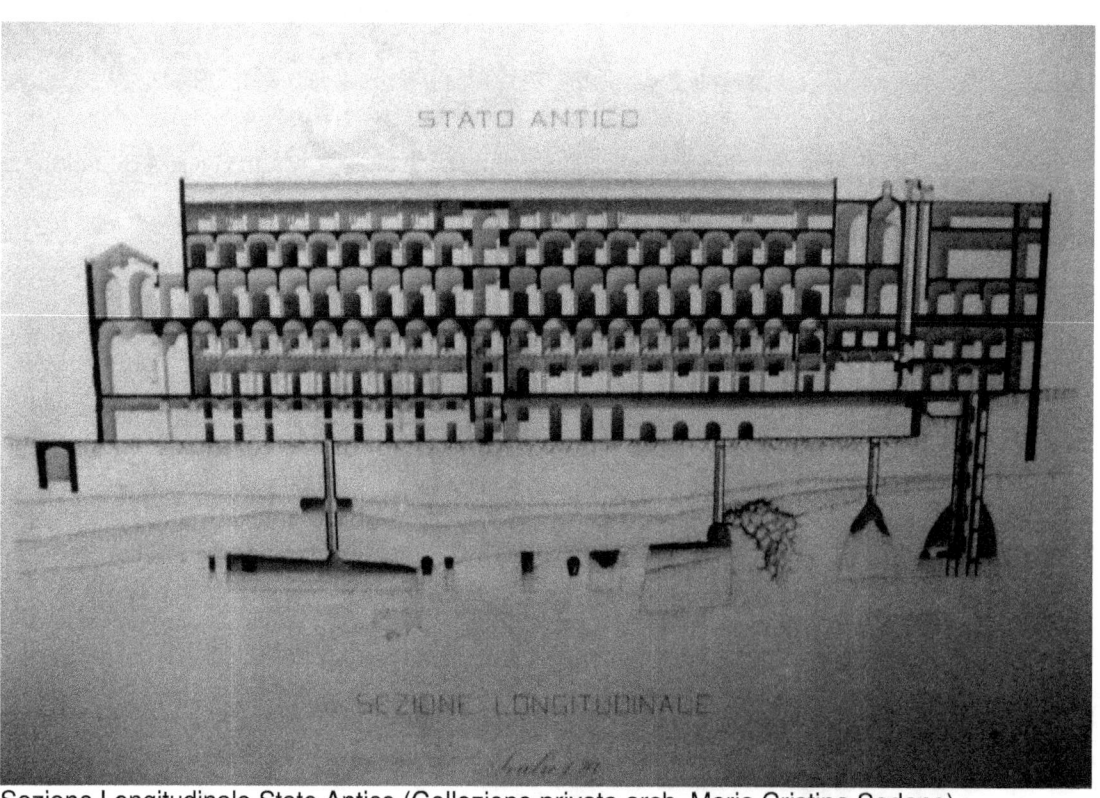

Sezione Longitudinale Stato Antico (Collezione privata arch. Maria Cristina Sodano)

Nelle sezioni trasversali si vede chiaro il pozzo e la cisterna che lo alimenta. Dalla pianta si possono vedere le varie destinazioni d'uso. Vi sono anche altre due bocche di pozzo che collegano il cortile a invasi sotterranei, probabilmente di scarico e raccolta acque reflue. Le ristrutturazioni subite dal convento trovano giustificazione in una legge[146] emanata da Vittorio Emanuele che si intitola:«Legge con la quale è autorizzata una spesa per opere da farsi nell'edificio dei Santi Apostoli in Napoli e nella fabbrica di San Pietro Martire.» La legge porta la data del 1864 e probabilmente l'anno in cui la Manifattura dispone dell'edificio e comincia i lavori di modifica e ammodernamento.

Dagli studi dell'architetto Maria Cristina Sodano, condotti negli anni Novanta presso gli archivi della Manifattura Tabacchi "Galileo Ferraris", ora scomparsi con la chiusura della Manifattura, si possono scoprire due fasi successive di ammodernamento della struttura. La prima è databile intorno al 1864, la seconda al 1872. L'antico chiostro del pianterreno e il giardino subirono una radicale trasformazione. Il giardino porticato viene pavimentato e coperto con un solaio retto da sedici pilastri rettangolari[147].

Le balaustre secentesche in marmo, ancora esistenti, non furono demolite[148].

---

[146] Legge del 28 Aprile 1864, n. 1750- riferita alla lavorazione tabacco.
[147] I. Ferraro, *op. cit.*, p.478
[148] La balaustra in marmo dello scalone riproduce le forme della balaustra in piperno, progettata dal Fanzago, per le scale d'ingresso della chiesa dei Santi Apostoli.

Le balaustre secentesche al Liceo e la balaustra della Chiesa

L'ingresso aperto nel 1758 su via Santi Apostoli fu chiuso e l'intero spazio dell'atrio monumentale divenne luogo di stoccaggio materiale, spogliatoio operaie, vasche di primo lavaggio delle foglie, zona di essiccatoi. In un primo tempo lo scalone monumentale non fu eliminato.

La Manifattura Tabacchi ritenne necessario adibire il secondo chiostro a magazzino dei tabacchi da lavorare e lo coprì, come si diceva, con un terrazzo con lucernai. L'ampio cortile del Chiostro venne utilizzato per adibire dei locali alla indispensabile "visita", sorta di perquisizione cui obbligatoriamente dovevano sottoporsi i lavoranti della Manifattura alla fine di ogni turno lavorativo, per evitare illeciti prelievi dei celebri sigari. Al primo piano dove un tempo c'era il refettorio, la cucina e le stanze di studio, con la passeggiata dei monaci ed il piccolo chiostrino chiuso dal muro perimetrale esterno, venne tutto soppalcato con solai piani a struttura metallica[149] creando degli ammezzati con strutture portanti in ferro in maniera da ridurre l'altezza dei vani e creare altre stanze.[150] Si realizzarono ambienti umidi per la concia dei tabacchi. Dal pianterreno si accedeva fino al terzo piano dell'edificio, con una scala a due rampe costruita a ridosso del porticato del giardino. Altre scale di minore grandezza vennero erette sul lato ovest e sul lato nord, che portavano

---

[149] P. Rossi, *op. cit.*, p.341
[150] P. Lombardi, *op.cit.*, p.53

rispettivamente all'ammezzato e agli uffici, collocati subito sopra la portineria.

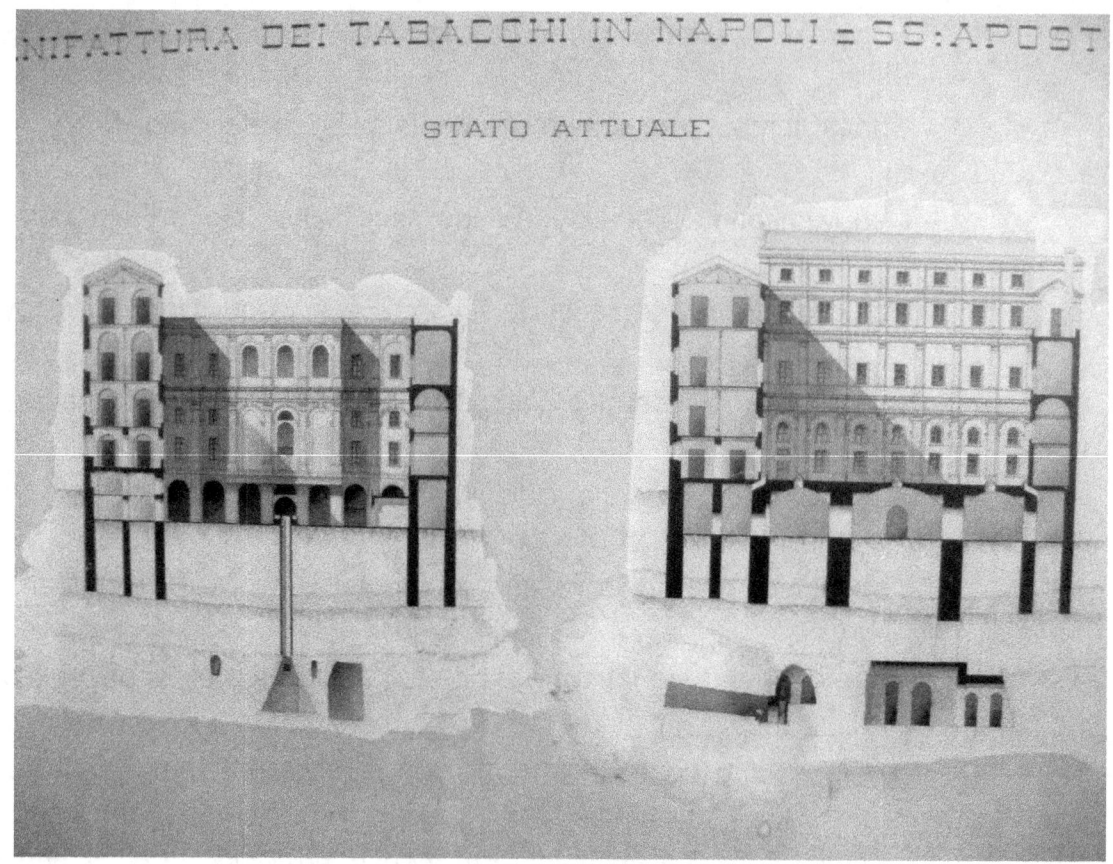

Sezione Trasversale dopo le modifiche (Collezione privata arch. Maria Cristina Sodano)

Le sezioni trasversali e longitudinali mostrano le modifiche apportate per la costruzione di ammezzati con strutture portanti in ferro. I saloni per la produzione dei sigari erano collocati al primo, al secondo ed al terzo piano dell'edificio. Il quarto piano era riservato allo stoccaggio dei sigari e del tabacco finito, che pur avendo percorso il ciclo di lavorazione, dovevano completare la maturazione.

Dettagli sezione trasversale

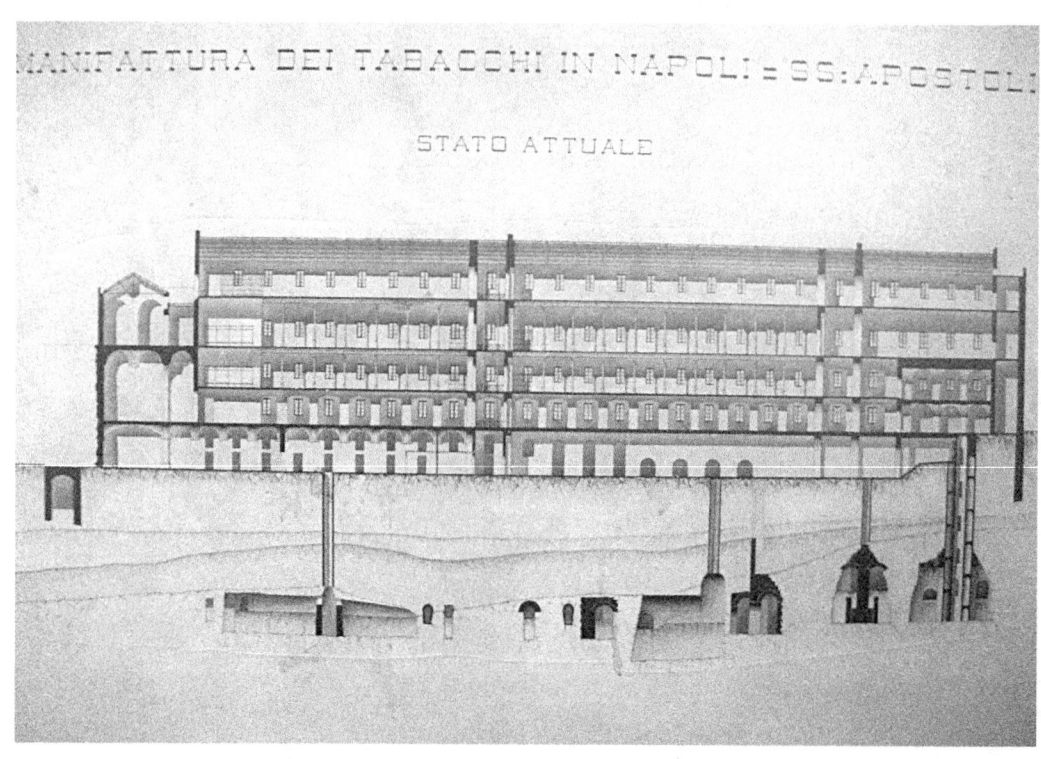

Sezione longitudinale dell'edificio (Collezione privata arch. Maria Cristina Sodano)

Particolare della struttura portante in ferro per creare gli ammezzati (Giugno2010)

Dettagli della sezione longitudinale

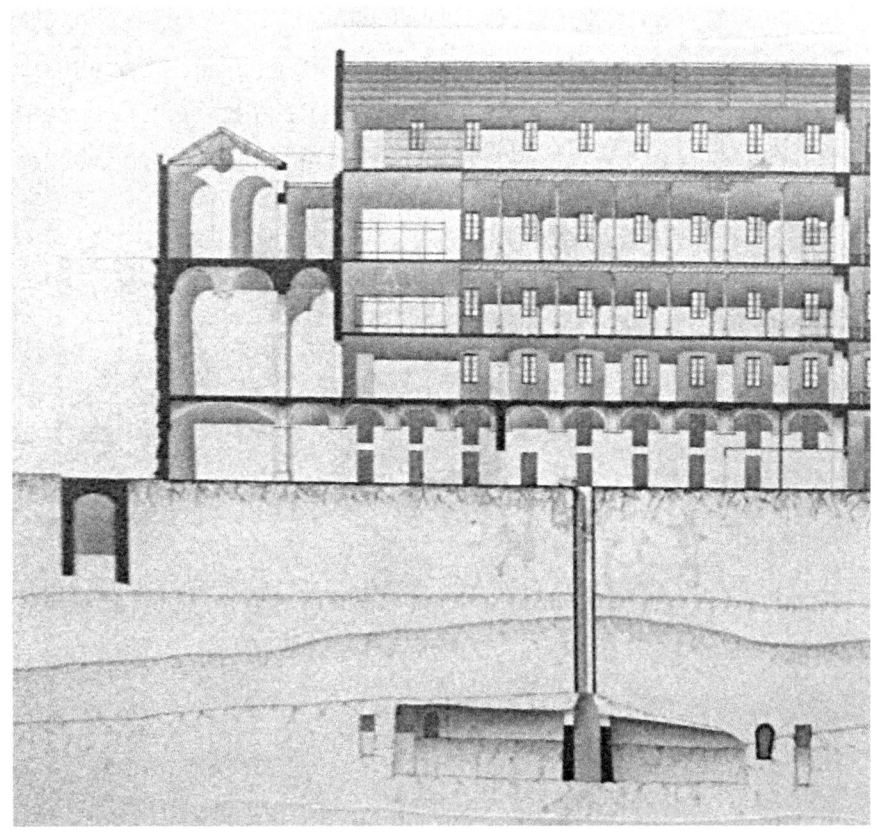

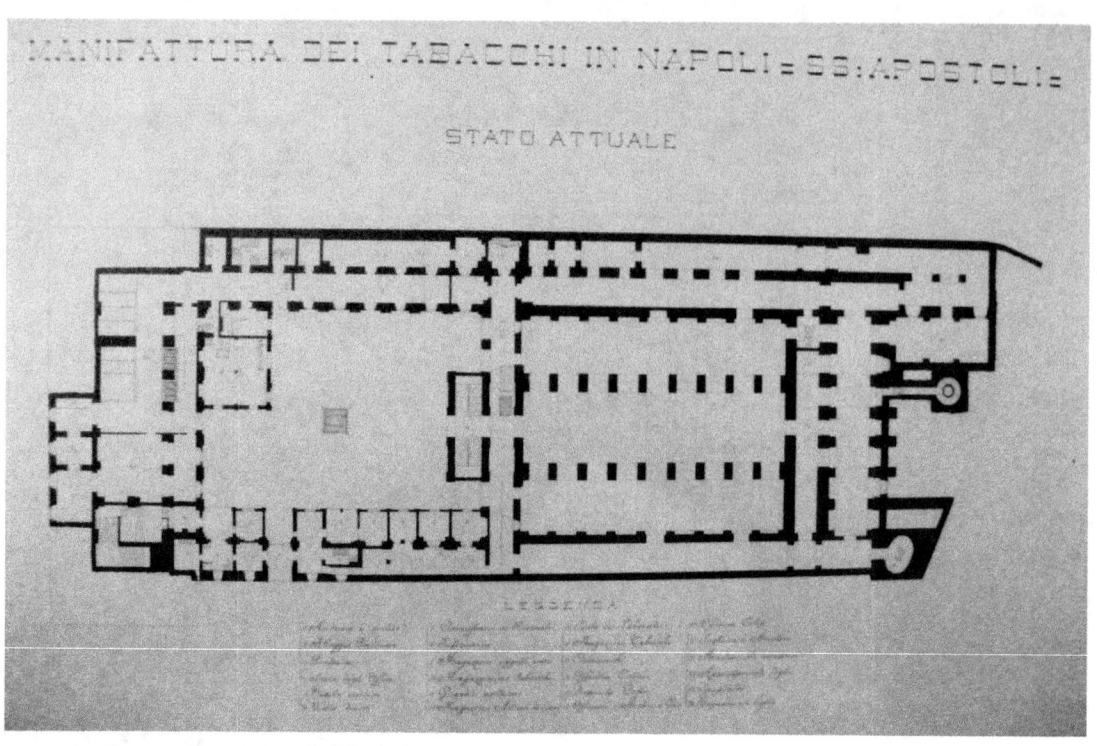

Pianta del pianterreno, ristrutturato ad uso della Manifattura

La legenda della pianta qui riprodotta specifica ogni ambiente del pianterreno : Androne e cortile, Alloggio portinaio, Porteria, Scala degli uffici,Visita uomini,Visita donne,Commissario ai Riscontri,Infermeria, Magazzino oggetti vari, Magazziniere tabacchi, Guardie Notturne, Magazzino articoli diversi, Scale dei Laboratori, Magazzino tabacchi,Calacarichi, Officina Cassai, Deposito casse, Officina e motori a gas, Officina colla, Segheria e arrotino, Montacarichi meccanico, Apprestamento foglie, Spogliatoi, Bagnamento foglie

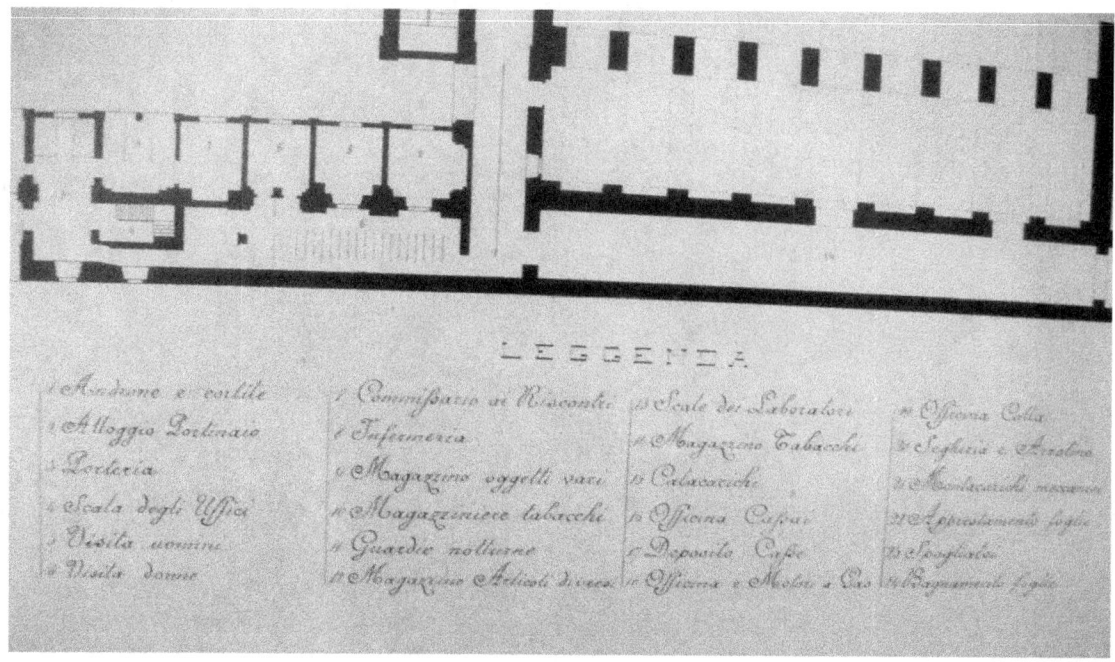

Dalle piante dei vari piani si leggono i molti locali che si ricavarono con la costruzione degli ammezzati. La pianta del pianterreno identifica i locali di deposito del tabacco, nell'antico giardino porticato, la struttura della scala costruita a ridosso degli archi del chiostro, l'utilizzo dell'ingresso monumentale e le scale minori poste a nord e a ovest.

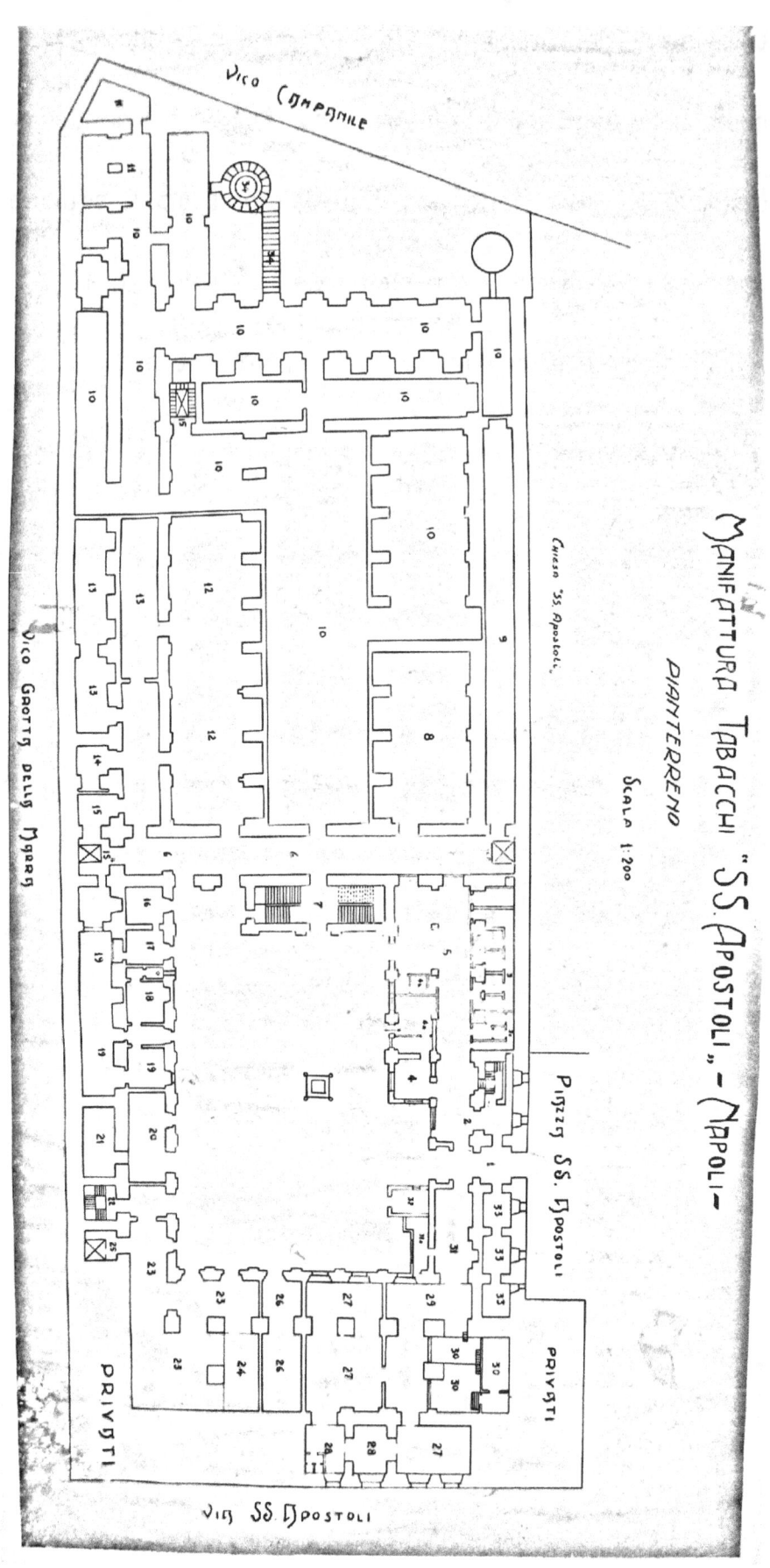

Pianta del pianterreno della Manifattura (Collezione privata arch. Maria Cristina Sodano)

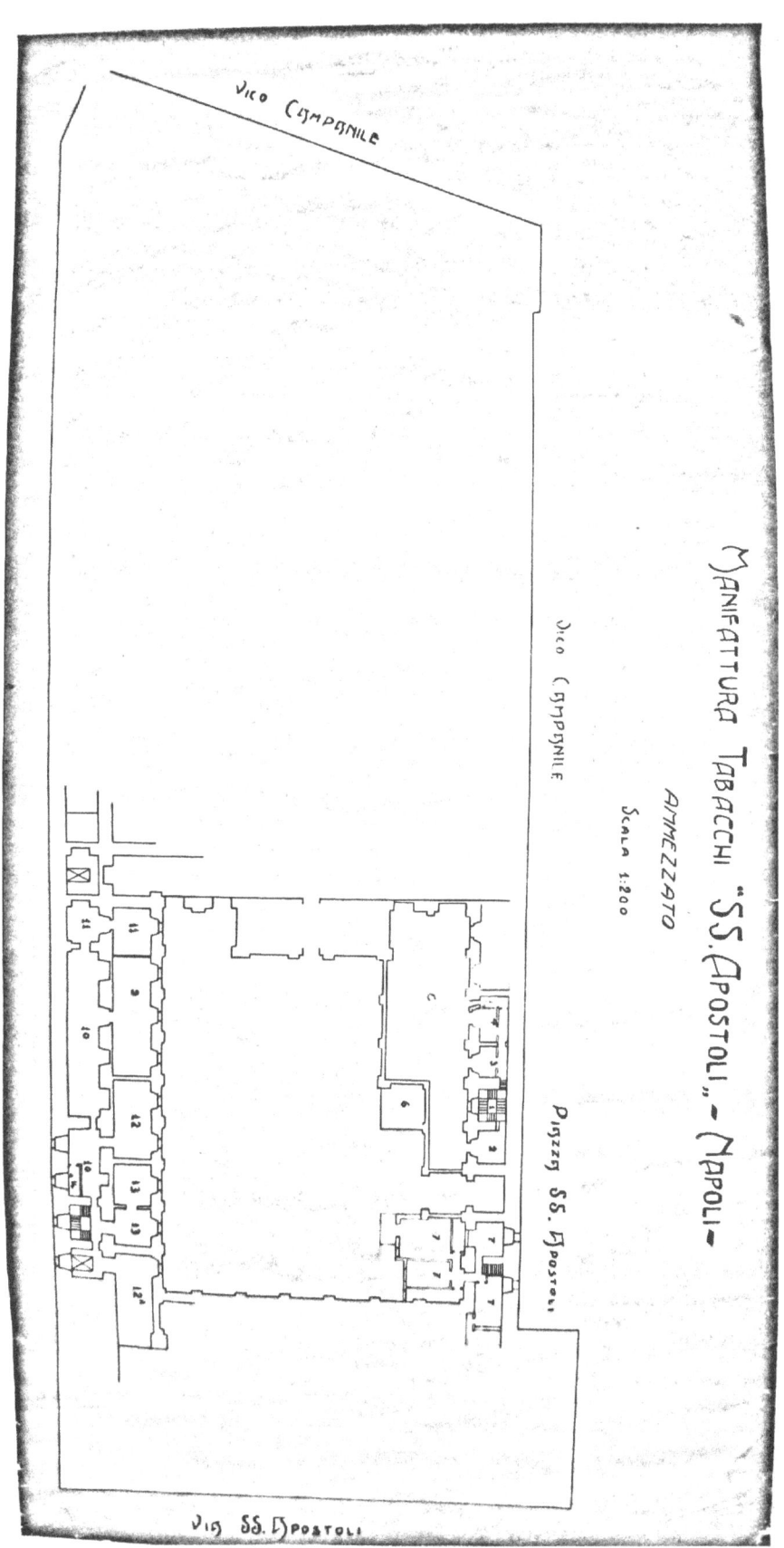

Pianta Piano Ammezzato (Collezione privata arch. Maria Cristina Sodano) Il piano ammezzato era destinato agli uffici direttivi

Dalla pianta del primo piano leggiamo le modifiche subita dalla "passeggiata dei monaci". Anticamente alta e ariosa, coperta da volte a cupola, viene trasformata in corridoio chiuso, soppalcato con solaio piano e ridotto a magazzino. Sul lato ovest vi sono i saloni per la lavorazione dei sigari. Sul lato sud, l'antico refettorio con le pareti dipinte, viene soppalcato e diviene un essiccatoio per le foglie di tabacco.

L'Aula Magna soppalcata dalla Manifattura
(Foto archivio arch. V. Sodano)

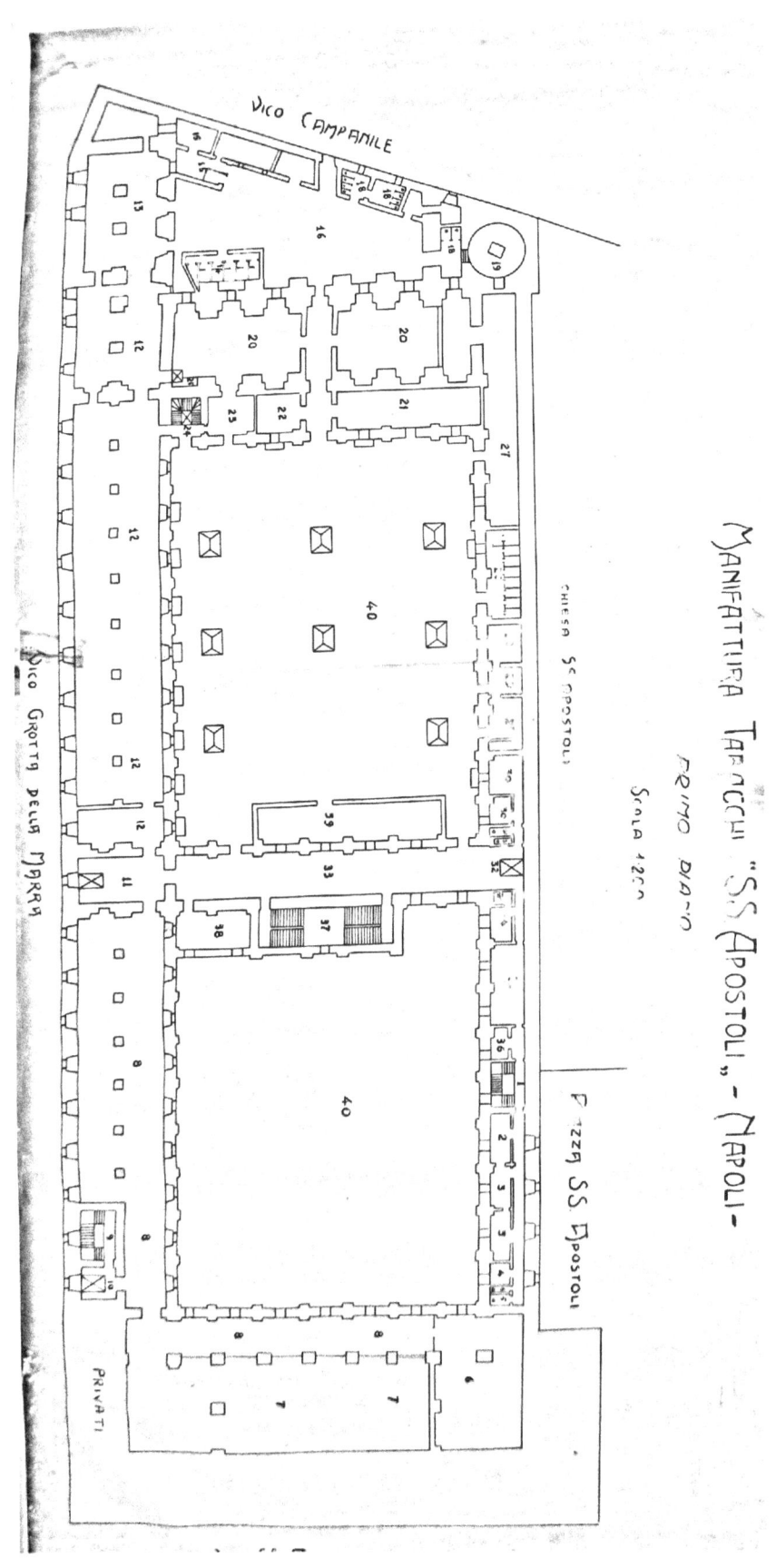

Pianta primo piano (Collezione privata arch. Maria Cristina Sodano)

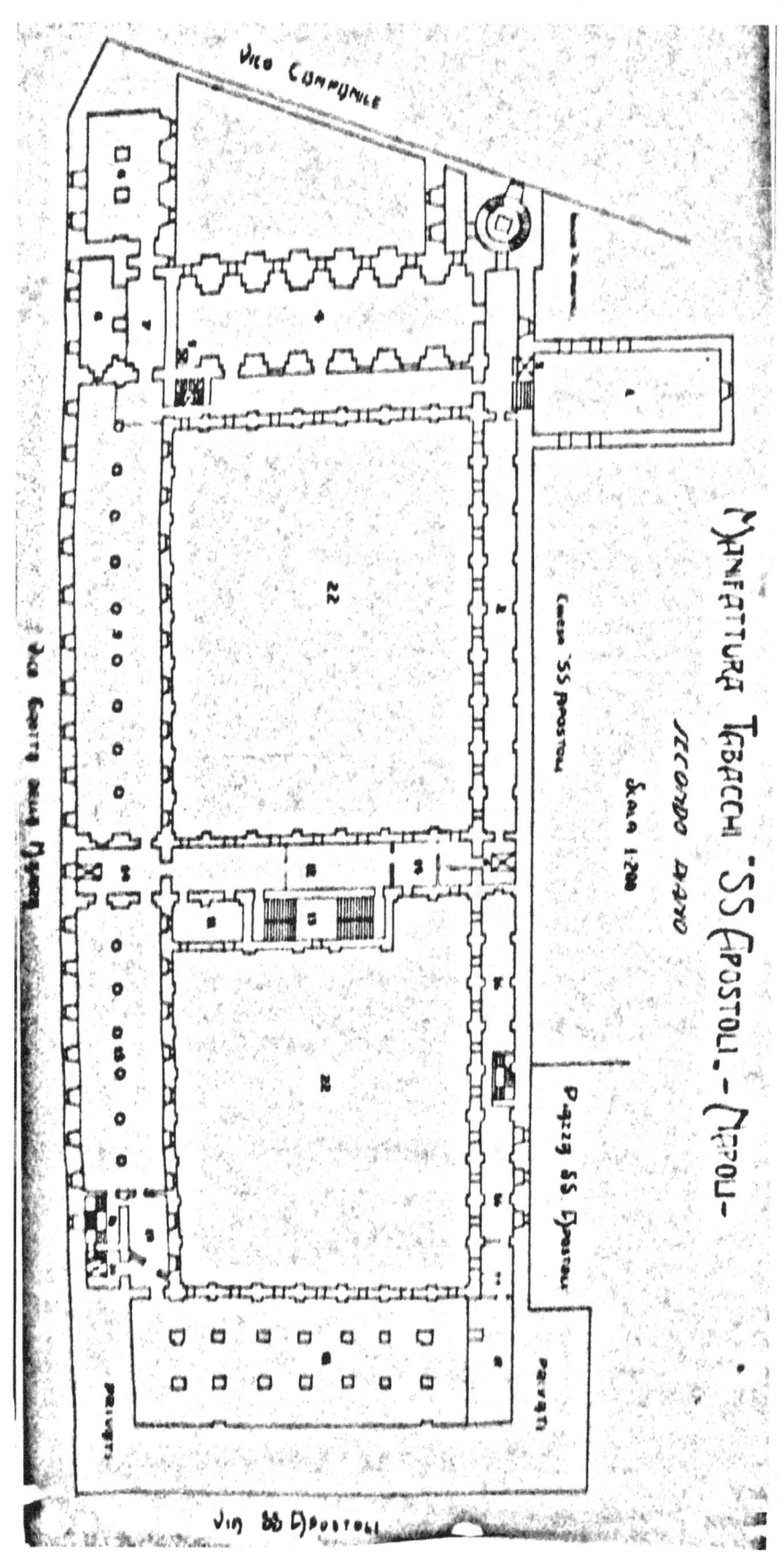

Pianta secondo piano (Collezione privata arch. Maria Cristina Sodano)

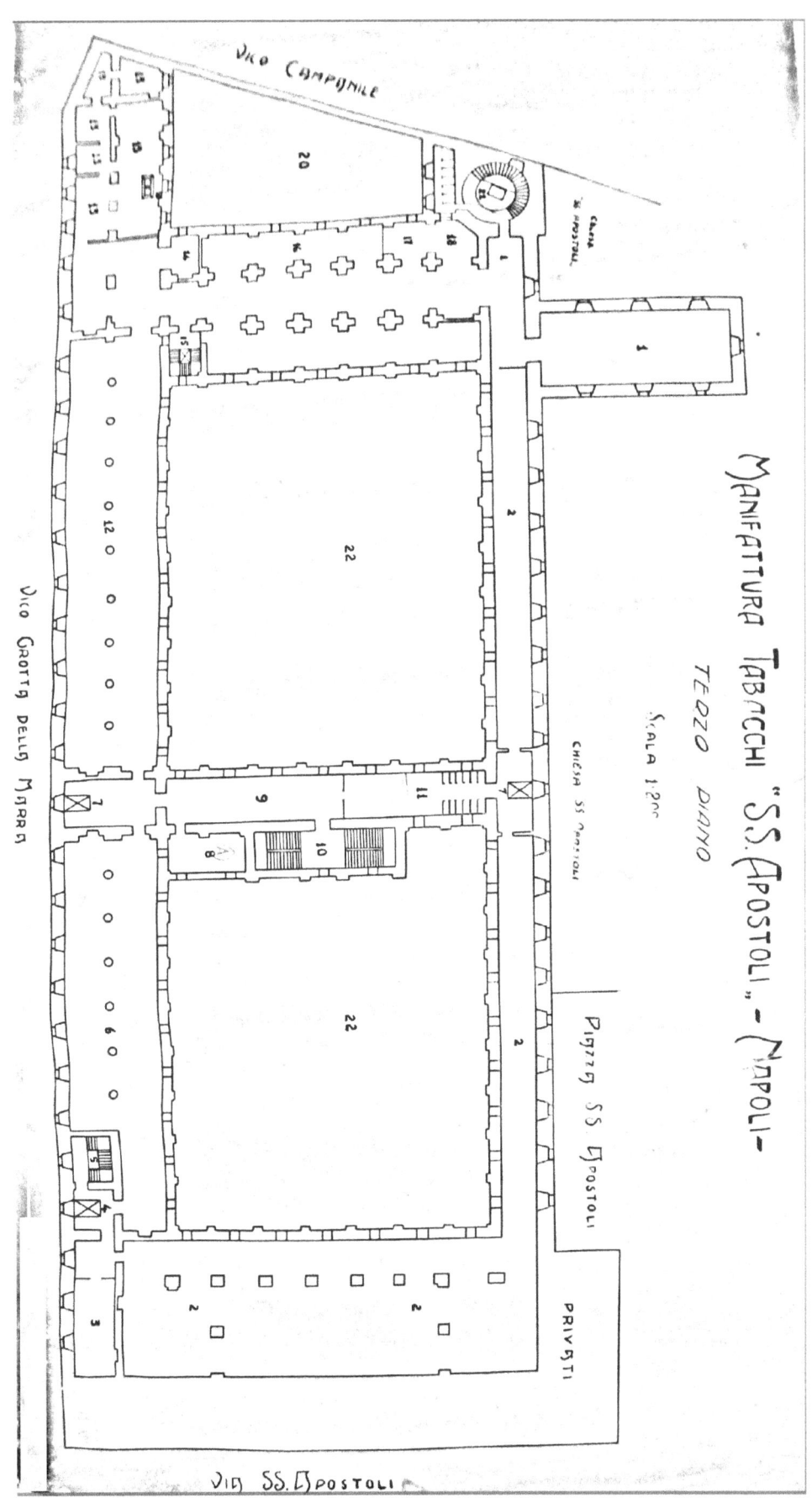

Pianta terzo piano. (Collezione privata arch. Maria Cristina Sodano) Si può notare da questa pianta l'ultimo livello della scala, non presente nella pianta successiva.

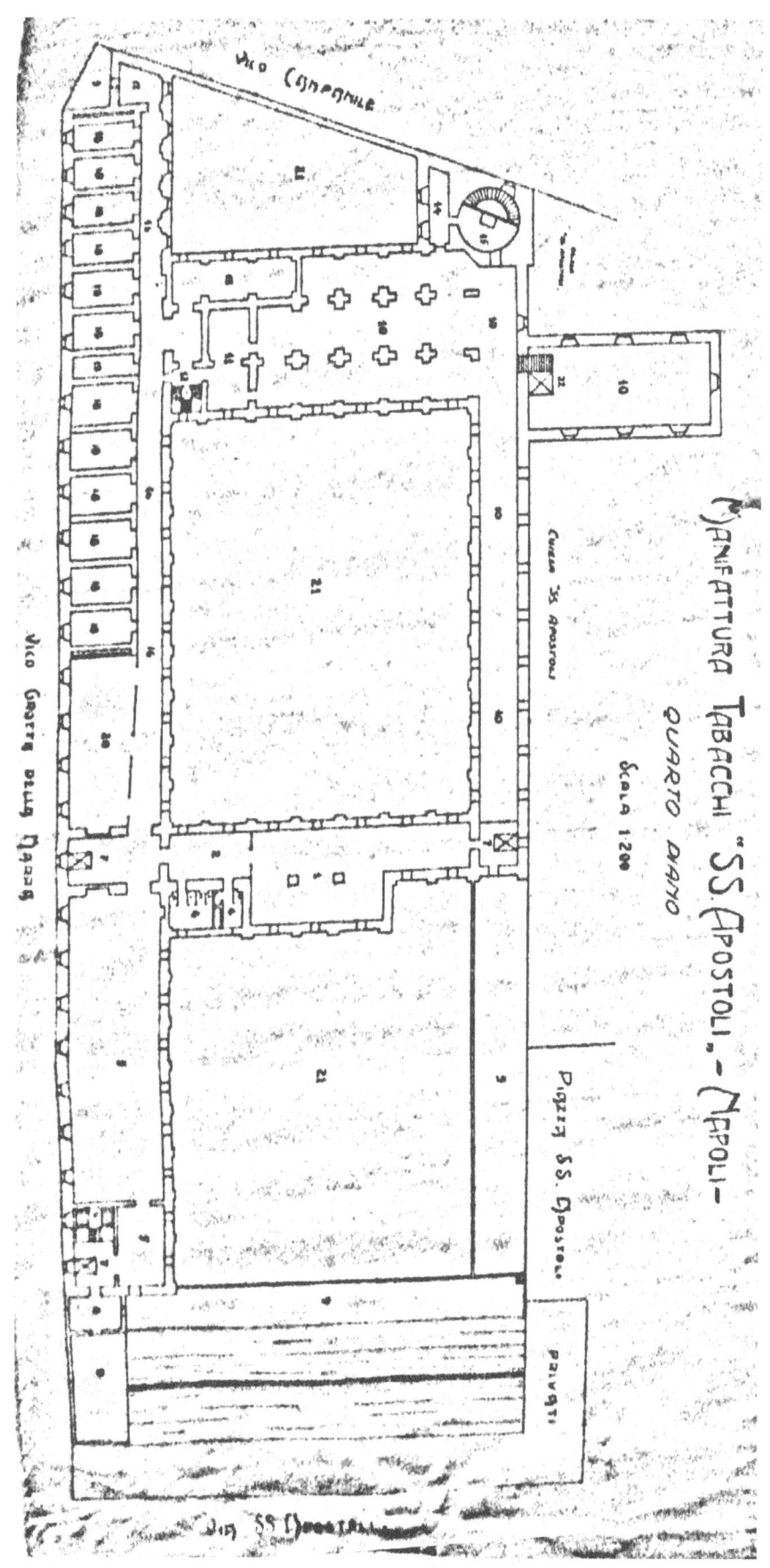

Pianta quarto piano.(Collezione privata arch. Maria Cristina Sodano)

La pianta del quarto ed ultimo piano ci indica che la scala costruita a ridosso del giardino si interrompeva, rimanendo solo le scale di servizio.

L'antica libreria non è mai stata modificata, ma qui leggiamo una piccola scala che portava ad un vano inferiore che serviva da deposito materiali vari.

La Manifattura napoletana era ormai diventata produttrice di rinomato tabacco, come si legge nella relazione Biraghi[151]: «E' questa impresa un monopolio governativo, circondato di privilegi e diritti fiscali, ma è una intrapresa industriale nè più nè meno(...) Il Regno d'Italia ha nientemeno che 17 stabilimenti di manifattura di tabacchi, con circa 17 mila operaj e spende intorno a 6 milioni di lire soltanto in mano d'opera. Vi sono stabilimenti che forniscono alcuni generi speciali di prodotti, ma la maggior parte attendono a molteplici generi di produzione, tanto in tabacchi da fumare, quanto in tabacchi da fiutare. I mezzi meccanici sono di una varietà svariatissrma , per cui turbini, motori a vapore, motori idraulici d'antico stile, e quindi rapporti tra prodotto e costo di produzione varianti notevolmente dall'uno all'altro Stabilimento.(...). Ma negli altri Stabilimenti variano assai le qualità dei prodotti per il merito e per il gusto , e più ancora sono differenti le spese di produzione.(...). Due milioni e mezzo di

---

[151] E Biraghi, *La convenzione del 23 giugno 1868 per l'appalto del monopolio dei tabacchi nel Regno d'Italia*, Napoli 1868,pp.45,46

chilogrammi di tabacco lavorato costano nella manifattura di Torino un milione e settantatre mila lire di spese per salario, laddove tre milioni e trecentomila chilogrammi di tabacco lavorato nella manifattura di Napoli costano un milione e settecentomila lire. Dunque un chilogrammo di tabacco lavorato rappresenta a Torino 40 centesimi di mano d'opera e a Napoli invece 51 centesimi, quantunque i salari siano più elevati assai nella prima che nella seconda città.(...) Questa sistemazione non è opera del governo nazionale ; è quella che i passati governi ci hanno lasciata in eredità, fra i quali il solo governo subalpino trasmise al Regno d'Italia ben quattro manifattore di tabacchi : Torino , cioè , Sestri Ponente , Cagliari e Capraja : due l'ex regno lombardo-veneto— L'Italia Meridionale non ha che la manifattura di Napoli che abbia molta importanza: le altre due di Lecce e Cava non hanno complessivamente che 150 operai e sono piuttosto due piccoli laboratori speciali , anzichè due manifatture di tabacchi propriamente dette. La manifattura di Napoli è la più importante di tutta Italia; cosi per quantità come anche per qualità di prodotti. I suoi tabacchi da fumo (sigari e trinciati) sono rinomati abbastanza e nelle altre provincie d'Italia e anche fuori : questi due articoli soli rappresentano oltre tre milioni di chilogrammi di prodotto lavorato ogni anno.»

Riguardo al lavoro nella Manifattura Tabacchi uomini e donne svolgevano all'interno dello Stabilimento mansioni e lavori differenti.

La maggior parte delle donne era occupata come sigaraia. Le sigaraie erano responsabili del confezionamento dei sigari; «lavoravano in grandi saloni, disposte a sedere le une accanto alle altre lungo banconi disposti per file parallele»[152] e avevano a disposizione una tavoletta di legno sulla quale eseguire il lavoro, una ciotola contenente pasta d'amido da spalmare sulle fasce e un coltello a lama ricurva che serviva a sezionare la foglia e spuntare la testa dei sigari finiti.

Esse erano pagate a cottimo e il minimo di cottimo stabilito corrispondeva al confezionamento di 600/800 sigari al giorno. L'elevata qualificazione professionale unita alla consapevolezza di svolgere un'attività specializzata frutto di tirocinio e acquisita abilità faceva delle sigaraie un gruppo compatto ed omogeneo, con un radicato senso di solidarietà ed appartenenza. Un esempio della solidarietà tra le sigaraie è dato dalla frequente pratica di prestare foglie o tabacco da ripieno alle compagne meno abili o nel confezionare altri sigari per aiutare qualche collega rimasta indietro una volta terminato il proprio cottimo, pratiche punite dalla direzione « che interpretava la solidarietà tra compagne di lavoro come un pericoloso strumento di coesione»[153]. Infatti all'interno delle Manifatture lo

---

[152] L. Spinelli, *Disciplina di fabbrica e lavoro femminile: le operaie delle Manifatture Tabacchi(1900-1914)*, in« Società e Storia»,28, (1985), Milano, p. 333.

[153] L. Giovanelli, *Vita di fabbrica delle sigaraie modenesi tra Otto e Novecento. Una ricerca sui registri disciplinari*, Torino, 1992, p. 373.

stato imponeva regole ferree e una rigida disciplina di fabbrica. Il lavoro delle sigaraie era sottoposto al controllo del personale di sorveglianza, una vera e propria gerarchia di fabbrica: innanzi tutto vi erano le maestre, una sorta di «sergentato di fabbrica»[154], seguite da altre sorveglianti che lavoravano a stretto contatto con le sigaraie, ossia «le verificatrici, le ricevitrici (addette al controllo immediato del lavoro), le istruttrici (che affiancavano le maestre nell'addestramento delle sigaraie novizie) e le controllatrici (che pesavano e contavano i sigari prodotti)»[155], seguite infine dalle visitatrici che dovevano perquisire le operaie in uscita per evitare sottrazioni illecite di tabacco. Però le figure che rappresentavano nello stabilimento l'autorità, in quanto responsabili di tutelare l'ordine e la disciplina tra le operaie e a cui inoltre erano sottoposte le varie figure gerarchiche femminili, erano i capi laboratorio e i capi reparto, personale maschile, a dimostrazione delle scarse possibilità offerte alle donne di occupare ruoli di primo piano nell'ambito lavorativo.

I lavoratori maschi della Manifattura occupati in gran parte nella gestione dei macchinari, erano tutti lavoratori stabili, stipendiati con paga fissa e non a cottimo. Il regolamento interno dell'Azienda li raggruppava in quattro diverse categorie professionali: gli artieri (è il caso di falegnami, elettricisti, fabbri, muratori, fuochisti, meccanici e tornitori), gli operai comuni

---

[154] G. Pedrocco, *Le operaie delle Manifatture Tabacchi*, Torino, 1992, p. 360
[155] G. Pedrocco, *op.cit*, p.361

(manovale, bracciante, operaio e "tabaccaio"), gli agenti subalterni (sorveglianti e capi operai) e gli impiegati[156].

Foto Archivio Manifattura Santi Apostoli (Tratto da R. Vicentini, *Margherita De Santis la sigaraia sindacalista*, in«Il Tabacco», Marzo(2009), Salerno, p.16)

La Manifattura dei Santi Apostoli conserva inoltre un patrimonio di storie di vita di coloro che vi hanno lavorato, come la sigaraia Margherita De Santis per cui l'Arcidiocesi di Napoli ha avviato la fase istruttoria per un possibile processo di canonizzazione.[157]

«La maestra le spiegò come si confezionano i sigari e le anziane glielo fecero vedere in pratica mentre si affrettavano con la sveltezza ormai divenuta meccanica, a confezionare i seicento sigari del cottimo quotidiano»[158]. Così la nuova assunta Margherita De Santis trascorse il primo giorno di lavoro nel tabacchificio di Napoli. Settima di otto figli,

---

[156] Idem, p.370
[157] R.Vicentini, *Margherita De Santis la sigaraia sindacalista*, in« Il Tabacco», Marzo(2009), Salerno, p.16-17
[158] O. De Rosa, *Margherita De Santis,storia di una sindacalista nella Napoli del Novecento*,Roma 2009, p.23esegg.

Margherita era nata a Napoli nel popolare quartiere dell'Arenaccia nel maggio del 1919. Una infanzia di stenti, resa drammatica dall'improvvisa morte del padre. E' don Carmelo Conti Guglia, con una biografia scarna e partecipata, a raccontarci la vita breve, ma vissuta in santità, di Margherita.

La scuola frequentata con profitto fino alla sesta, poi, a quattordici anni, a confezionare guanti a domicilio per sostenere la famiglia senza altro reddito. «La ricca nobiltà di Francia e d'Inghilterra non calzava che guanti di camoscio, antilope o capretto come se ne sanno fare solo a Napoli»[159], scriveva Matilde Serao. Ma mentre le eleganti signore d'oltralpe fanno sfoggio dei loro lunghi ed eleganti guanti, i residui tossici delle pelli colpiscono le giovani lavoranti napoletane: reumatismi deformanti e tubercolosi sono le malattie professionali che non risparmiano nemmeno Margherita. Dopo i guanti, i sigari. Margherita conosceva bene il tabacchificio Santi Apostoli, perché gli abitava vicino. Vi lavoravano millecinquecento operaie ed era il posto più ambito dalle giovani napoletane perché statale e perciò, fin da allora, "fisso". La giovane De Santis era stata assunta perché orfana di padre e sorella di un soldato morto in guerra, come si legge nel suo fascicolo personale. Era il 1943,

---

[159] M. Serao, *Il ventre di Napoli,* Napoli 1884, p.12

anno di guerra, a cui seguirono la liberazione ed un dopoguerra di violenze ed egoismi[160].

Il prete biografo sintetizza con efficacia la sua militanza sindacale, come componente della Commissione interna della manifattura. «Le votazioni furono sempre un successo personale, ma molte volte si trovò sola, donna e democristiana, fra uomini di partiti estremisti e tra disonestà e lotte sleali a cui era così poco abituata[161]». Ma nulla scoraggia il suo impegno, anzi le difficoltà lo accentuano.

La Napoli di metà Novecento è città complessa, poliedrica, carica di disuguaglianze. E in questo contesto la manifattura è luogo di lotte e di emancipazione femminile.

Quando la guerra volgeva tragicamente al termine, nel settembre del '43, le sigaraie iniziarono uno sciopero, con occupazione dello stabilimento, per rivendicare puntualità nell'erogazione della retribuzione ed il ripristino della mensa e della sala materna, chiuse a seguito di eventi bellici. E Margherita è in prima fila, dimostrando di saper conciliare, di volta in volta, moderazione e fermezza. Come testimonia un rapporto della questura dell'epoca. Margherita non era colta, nel senso che non aveva una cultura attinta dai libri scolastici, ma aveva maturità mentale, sicurezza di giudizio,

---

[160] R. Vicentini, *op.cit*, p.16
[161] R. Vicentini, *op.cit*, p.16

preparazione professionale. Per questo partecipava a convegni, corsi di studio, conferenze, riempiendo quaderni di note, appunti e considerazioni.

Conosceva bene il sindacato, aveva partecipato attivamente alla scissione del '48 e nel '50, insieme a Domenico Pierro (futuro segretario generale del sindacato Monopoli), aveva fondato la CISL di Napoli. Ma era l'impegno della commissione interna, che più la

stressava e, nel contempo, l'appagava. La sua amica e collega Rosa Bitonto, così descrive l'impegno sindacale di Margherita in manifattura:«Prima di tutto doveva fare il suo lavoro e completare il cottimo di sigari massacrante e snervante. Oltre questo, affrontare i compiti specifici: discutere con il direttore argomenti riguardanti paghe, aumenti, anticipi, passaggi di categoria. Esaminare problemi tecnici come qualità del tabacco, metodi di lavoro, spostamenti di operai[162]». Le compagne le chiedevano di tutto e lei era costretta a fare la spola fra il posto di lavoro e la direzione. Ma il giorno della paga era il più duro. Per molte operaie quasi tutta la paga che avrebbero dovuto riscuotere era trattenuta per gli anticipi prelevati nel corso del mese. Chiedevano dilazioni, ma l'economo era inflessibile. E, ancora una volta, era Margherita a mediare e fornire garanzie. Era infaticabile, perché il lavoro e l'attività sindacale erano per lei occasione di apostolato. Aveva convinto la

---

[162] Idem, p.17

direzione della manifattura ad autorizzare la recita del Rosario ogni primo venerdì del mese durante l'orario di lavoro.

Il prete biografo così descrive la scena: «Centinaia di operaie impegnate a completare il cottimo, interrompevano le chiacchiere e rispondevano in coro alle Ave Maria. Margherita dal suo posto di lavoro spiegava i misteri, iniziava le preghiere, intonava le canzoni.

E per contare le Ave Maria? Semplicissimo! Ad ogni sigaro un'Ave, ad ogni dieci sigari un Gloria...»

Fuori dalla fabbrica, l'Azione Cattolica è la sua seconda casa. E' l'A.C.I. di Pio XI, contro la quale si scatenerà la persecuzione fascista e che formerà quel laicato cattolico che nell'immediato dopoguerra darà vita alle Acli, ad un sindacato e ad un partito. Un'attività che un male incurabile prima rallenta e poi tronca il 17 ottobre del 1965. Dal letto di dolore, Margherita scrive una lettera alle compagne di lavoro, offre a Dio le sue sofferenze per loro e le esorta ad essere fedeli al sindacato. Si chiude così la vita terrena di una sigaraia sindacalista[163], guidata dall'idea della santificazione del lavoro e dei lavoratori come ben dichiara Carmelo Conti Guglia. Molti abitanti del quartiere San Lorenzo ricordano ancora il suono della "tofa" (conchiglia) che chiamava le operaie al lavoro. Scandiva il turno all'

---

[163] R.Vicentini, *op. cit*, p.17

ingresso[164], alle 12,00 per la pausa pranzo e alle 18,00 per l'uscita. La paga era divisa in due volte:la quindicina e la mesata e si racconta che vi era un usuraio al bar di fronte al Tabacchificio che prestava loro i soldi a tassi altissimi, aspettandole poi all'uscita alla quindicina per riscuotere subito il debito.[165]

---

[164] Le operaie non erano tutte napoletane, molte venivano mandate dalle agenzie di Benevento ed erano esperte nella fabbricazione a mano dei sigari virginia. Arrivavano in pullman all'alba in via San Giovanni a Carbonara, per poi salire le Rampe dei Santi Apostoli che portano al Largo Santi Apostoli.
[165] Testimonianza raccolta presso l'Archivio di Stato da un ex impiegato della Manifattura Tabacchi "Galileo Ferraris", collocato lì dopo la chiusura della stessa.

6. L'istituzione del Liceo Artistico Statale

Nel 1970 la Manifattura Tabacchi abbandona la sede dei Santi Apostoli e viene iniziato il recupero della struttura, che sarà destinata, dopo un laborioso intervento di restauro, a Liceo Artistico Statale di Napoli[166].

L'assegnazione al Liceo segue la richiesta dell'Accademia di Belle Arti di ottenere una sede staccata del Liceo, fino ad allora annesso all'Accademia per Regio Decreto del 31 Dicembre 1923 n.3123.

Il Regio Decreto dettava le norme per l'istruzione artistica e recitava all'art.1:« Tutti gli istituti ed enti che hanno il fine di promuovere l'arte e l'istruzione artistica sono posti sotto la vigilanza del Ministero della pubblica istruzione.»

All'art. 2:« L'istruzione artistica si impartisce:

nelle scuole ed istituti d'arte e negli istituti superiori per le industrie artistiche;

nei licei artistici, nelle accademie di belle arti e nelle scuole superiori di architettura;

nei conservatori di musica e nella scuola di recitazione. »

---

[166] P. Rossi, *Op. Cit.*, p.341

All'art.3 recitava:« I regi istituti di istruzione artistica sono istituiti per decreto reale, su proposta del Ministro per la pubblica istruzione di concerto con il Ministro per le finanze.

Essi sono governati per mezzo della direzione generale per le antichità e belle arti. » E ancora all'art.13 leggiamo: «L'insegnamento dell'arte, indipendentemente dalle sue applicazioni alle industrie, si impartisce nei licei artistici e nelle accademie di belle arti di Bologna, Firenze, Milano, Napoli, Palermo, Roma, Torino e Venezia.»

Art.14« Il liceo artistico, (...), è annesso a ciascuna delle accademie di cui al precedente articolo. Esso ha il fine di preparare allo studio specializzato della pittura, scultura, decorazione, scenografia ed architettura, mediante insegnamento di materie artistiche e di cultura generale.»[167]. Il Regio Decreto del 1923 assegnò in quella data la Sezione di Architettura dell'Accademia all'Università.[168]

Definita la nuova sede del Liceo, le Opere furono a carico del Ministero dei Lavori Pubblici che con protocollo 5014 del 21 Marzo 1975, finanziò la spesa.

«L'edificio versava in uno stato di totale abbandono e ciò che rimaneva della Manifattura erano soppalchi lignei ormai inservibili, mezzanini di

---

[167] Regio Decreto 31 Dicembre 1923 n.3123, pubblicato in data 7 febbraio 1924 dalla Gazzetta Ufficiale n. 32.
[168] Ultimamente per effetto della legge 508 del 1999, l'Accademia è compresa nel comparto universitario nel settore dell' Alta Formazione Artistica e Musicale.

legno marci, vasche sporche e la puzza di tabacco che permeava l'intera struttura» così nel ricordo e nella testimonianza dell'architetto Paola Rispoli, intervistata per il presente lavoro di tesi. La figura di maggior rilievo per la riqualificazione del monumento fu l'architetto Mario Rispoli, allora Preside del Liceo, che riuscì nell'intento di rendere l'antico splendore al deturpato complesso conventuale.

L'edificio dismesso della Manifattura (Archivio arch. V. Sodano)

Il terrazzo e i lucernai del secondo piano
(Archivio arch. V. Sodano)

Angolo finestra quinto piano
(Foto archivio arch. V. Sodano)

Il solaio costruito nei vani della Passeggiata dei Monaci, si notino le cupolette sferiche del Grimaldi. (Foto archivio arch. V. Sodano)

I locali deposito tabacchi, al pian terreno. I lucernai del terrazzo erano privi di copertura. (Foto archivio arch. V. Sodano)

Corridoio del secondo piano (Foto archivio arch. V. Sodano)

Archi a tutto sesto nei corridoi dei piani (Foto archivio arch. V. Sodano)

Il cantiere (Foto archivio arch. V. Sodano)

L'aula Magna, antico refettorio, anche qui il soppalco percorreva l'intero perimetro (Archivio arch. V. Sodano)

Il solaio in legno nella "Passeggiata dei Monaci" (Archivio arch. V. Sodano)

Il recupero di un ex edificio industriale, per i significati che si attribuiscono ad esso (culturali, economici, architettonici), si presenta diverso rispetto a ciò che l'architetto Rispoli si trovò ad affrontare. L'edificio non era nato come Manifattura ma aveva subito un adattamento alle esigenze della fabbrica.

Per il restauro dei monumenti valgono gli stessi principi posti per il restauro delle opere d'arte. Così il restauro dell'architettura cade ugualmente sotto l'istanza storica e l'istanza estetica. Unica differenza è che nell'architettura la spazialità propria del monumento è coesistente allo spazio ambiente in cui il monumento è stato costruito[169]. Occorre tener presente, altresì, che è, a volte, necessario invocare il cosidetto diradamento verticale, vale a dire la demolizione di uno o più piani, costruiti in tempi successivi e che alterano il valore architettonico o i rapporti spaziali dell'edificio originario.[170] Questi principi non potevano che guidare il restauro curato dall'architetto Rispoli. Nella prassi corrente di un progetto di recupero, oltre all'analisi storica, un ulteriore approccio conoscitivo è l'osservazione dei caratteri tipologici dell'edificio da recuperare. Quindi l'approccio iniziale fu lo studio di tutti i documenti esistenti sull'antico convento. Si cercò di ottenere un quadro dettagliato della situazione preesistente la Manifattura. L'architetto Paola Rispoli fece

---

[169] C. Brandi, *Teoria del restauro*, Torino 1977, p.77
[170] R. Di Stefano, *Il recupero dei valori*, Napoli, 1979, p.127

il rilievo dell'intero edificio e rilevò gran parte degli interventi necessari al consolidamento statico. Dai suoi rilievi si impostò l'opera di restauro, condotta sul progetto dell'architetto Rispoli, suo padre, e da lui diretta. Vi furono poi alcuni docenti del Liceo, gli architetti Antonio Zehender e Vincenzo Sodano che collaborarono alla esecuzione del progetto di restauro. La ditta incaricata dei lavori fu la Ditta Nardella. Il disegnatore ai progetti il geometra Antonio Pelosi, la fotografa che documentò le fasi dei lavori la Professoressa Marialba Russo.

I finanziamenti furono parziali e molto fu dato dall'allora Provveditore alle opere Pubbliche Paolo Martuscelli, il quale dimostrò grande interesse e sensibilità al recupero del monumento.[171] I lavori cominciarono nel 1975 e si protrassero per dieci anni. Si cominciò con lo sgombero dei materiali e la demolizione dei solai piani costruiti al primo piano. Questo comportò diverse difficoltà tecniche per l'esecuzione della demolizione delle varie parti e delicate operazioni di ripristino (ad esempio lo scalone monumentale). L'intervento interessò l'atrio, l'antico refettorio, la "passeggiata dei Monaci", ora tornata all'antico splendore, tutti i corridoi dei piani che presentavano solai lignei, il chiostro. Il soffitto a capanna in legno, costruito ai tempi della Manifattura, presente all'ultimo piano è un vero esempio di archeologia industriale che l'architetto Rispoli volle

---

[171] Testimonianza dell'architetto Paola Rispoli.

conservare e consolidare. La legenda dei piani è cambiata rispetto a quella originale, proprio per la sopravvivenza dei piani soppalcati.

Nell'ammezzato creato all'attuale sesto piano il soffitto riprende il tema del legno a capriate con innesti di ferro. Lungo i corridoi dei piani, un tempo adibiti alla lavorazione dei sigari, si definirono gli spazi delle aule. Le aule ad ovest dell'edificio furono tutte dotate di soppalco, retto dalle antiche colonnine di ghisa istallate dalla Manifattura. Al pian terreno fu demolita la scala a ridosso degli archi del giardino e si ripristinarono tutti gli spazi dell'antico Chiostro. Al centro si progettò un giardino con quattro aiuole e l'interesse al monumento dell'architetto Paola Rispoli è testimoniato dalla sua donazione di un raro Ginko Biloba, che prima era nella casa di famiglia a Posillipo e che l'architetto, a sue spese, fece portare al Liceo. L'albero era alto circa sette metri e occorse un anno per predisporre il trasporto. Altro omaggio all'opera di Rispoli fu, alla fine del 1984, l'affidamento in custodia di due opere che anticamente appartenevano ai Teatini, una Supplica e un Crocifisso, fatto al Liceo dalla Dottoressa Margherita Spinosa della Soprintendenza ai Beni Storici e Artistici della sede di San Martino.

Le due opere sono ora esposte nell'aula dei professori al secondo piano.

L'ingresso monumentale su via santi Apostoli fu riaperto e demolite tutte le costruzioni della Manifattura che persistevano nell'atrio. L'architetto Paola

Rispoli, durante i suoi rilievi, smontate tutte le precedenti strutture, trovò l'estradosso di alcune volte rampanti (di sostegno) appartenenti ad una scala. Sulla schiena di queste volte, studiò la traccia degli scalini e dopo parecchi mesi di lavoro, calcolando le quote tra i piani e la forma degli scalini fu possibile ricostruire la dimensione reale dello scalone monumentale che saliva al primo piano (ora secondo) . Allo stesso modo, furono restaurate le due balaustre secentesche , rimaste in loco. Fu un restauro filologico, oltre che architettonico, perché l'architetto Paola Rispoli cercò e ritrovò la testimonianza dello scalone nelle pagine della storia[172].

Dall'ingresso si accedeva all'atrio, con la segreteria e l'ufficio amministrativo e da lì al Chiostro ed alle aule. Ora la situazione è cambiata perché, non potendosi limitare il traffico di via Santi Apostoli, i genitori ritennero troppo pericolosa l'uscita sulla strada e imposero al successore di Rispoli di chiudere quel portone e di aprire l'uscita sul Largo Santi Apostoli.

Il magazzino tabacchi, nell'ultimo periodo della Manifattura adibito a deposito mezzi, fu destinato al parcheggio delle auto, nella prima porzione e allestito con due grandi palestre per l'Educazione fisica, nella restante parte. Le scale a doppia rampa per i piani [173]furono progettate dall'architetto Mario Rispoli allargando il vano già esistente nell'angolo

---

[172] Le notizie riportate sono desunte dalla testimonianza dell'architetto Paola Rispoli.
[173] Sulle piante attuali denominate A e B

sud-ovest e simmetricamente nell'angolo nord-ovest. Nel Chiostro ,in corrispondenza della biblioteca del quinto piano, vi era una porta che collegava il Chiostro alla Chiesa che fu murata già al tempo in cui il convento era diventato caserma[174],ma la cui traccia era ancora ben visibile. Il vano Motore della Manifattura divenne il locale caldaie della scuola e Rispoli curò la realizzazione del lucernaio del locale, che si affaccia nel chiostrino piccolo del secondo piano, alle spalle delle aule di scultura, che chiamò con ironia "il cappello del prete"[175].

Lucernaio "cappello del prete"

---

[174] Se ne trova notizia tra le spese fatte nel 1847, sopra riportate.
[175] Testimonianza dell'architetto Paola Rispoli

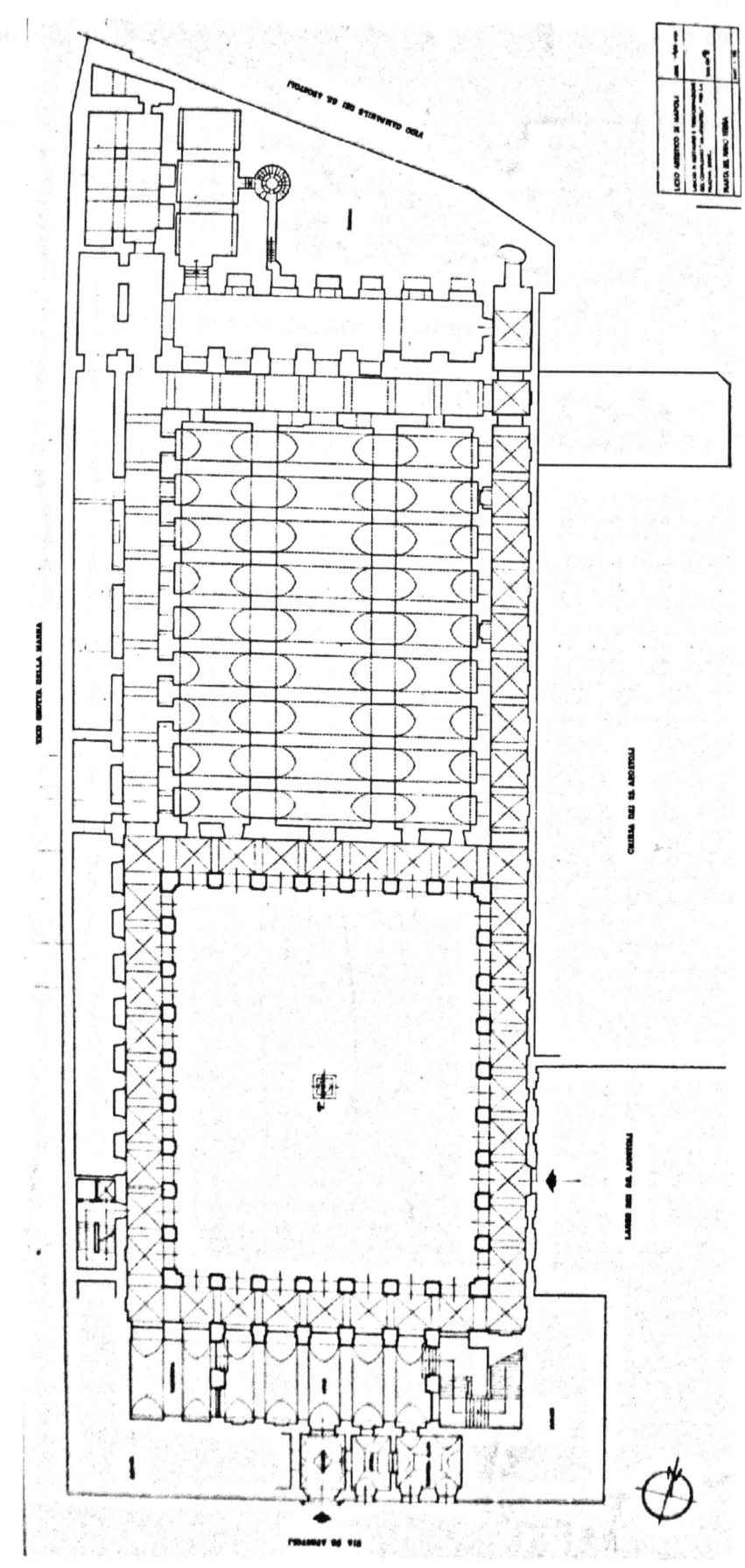

Copia della pianta del pianterreno restaurato

Dal locale caldaie si accede al sotterraneo che attraversa tutte le fondamenta dell'edificio e che un tempo era collegato con la cripta. Nella seconda guerra mondiale una bomba e spezzoni incendiari caddero il 6 settembre 1943, sulla chiesa e sulla Manifattura, richiedendo il consolidamento statico delle cappelle lesionate, nel lato destro, riparazioni ai tetti ed agli embrici maiolicati della cupola. Nel 1944 gli alleati occuparono il cimitero, adibendolo a deposito pacchi dono. L'architetto Paola Rispoli testimonia una colata di calcestruzzo sulle lapidi e sulle tombe ad opera dei soldati americani. Nel 1945, dal passaggio sotterraneo del Liceo, la cripta fu destinata per pochi mesi a dormitorio delle famiglie evase dal pericolante stabile N.12 di piazza Santi Apostoli.[176]

Al quinto piano si restaurarono i due portali in piperno, rispettivamente della Biblioteca e della Stanza del Capitolo, usciti quasi indenni dalla trasformazione in opificio. Dovendo fare una ricognizione dei piani, rispetto all'antico, il primo piano è ora il secondo, interrotto dall'ammezzato dove si è ricavata la casa del custode.

Al secondo piano, sul braccio corto a nord, la scala a "lumaga" fu completamente ricostruita sulla traccia di quella antica. Si presentava, al

---

[176] F. Strazzullo op.cit, p.67

momento dell'acquisizione dell'edificio al Liceo, come una scalinata in legno a rampa cordonata.[177]

Il terzo piano è il piano soppalcato dell'antico secondo piano , il quarto piano antico è il quinto piano attuale, restando il quarto un piano cieco e il sottotetto è ora il sesto piano, che accoglie anche una panoramica passeggiata sul terrazzo di copertura che corre intorno all'intero edificio.

Nel 1985 viene presentato all'ufficio competente ai Lavori Pubblici il presente prospetto con lo stato di avanzamento dei lavori. La legenda a sinistra recita: Opere a carico del Ministero dei Lavori Pubblici

Oggetto: Nuova sede del Liceo Artistico Statale

Progetto : Lavori di completamento del consolidamento statico e restauro dei corpi di fabbrica Aule 1°e 2° cortile e corpi di fabbrica 3° cortile prospiciente il vico Grotta della Marra nonché la facciata su Piazza Santi Apostoli.

Protocollo 5014 del 21 marzo 1975 presentato a firma del Preside Architetto Rispoli in data 2 marzo 1985.

---

[177]Testimonianza dell'architetto Paola Rispoli

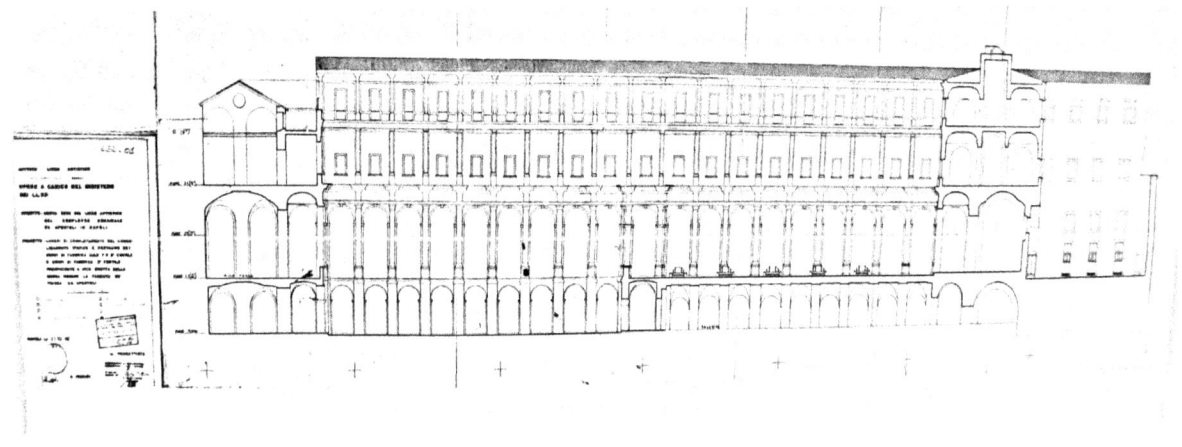

Prospetto generale

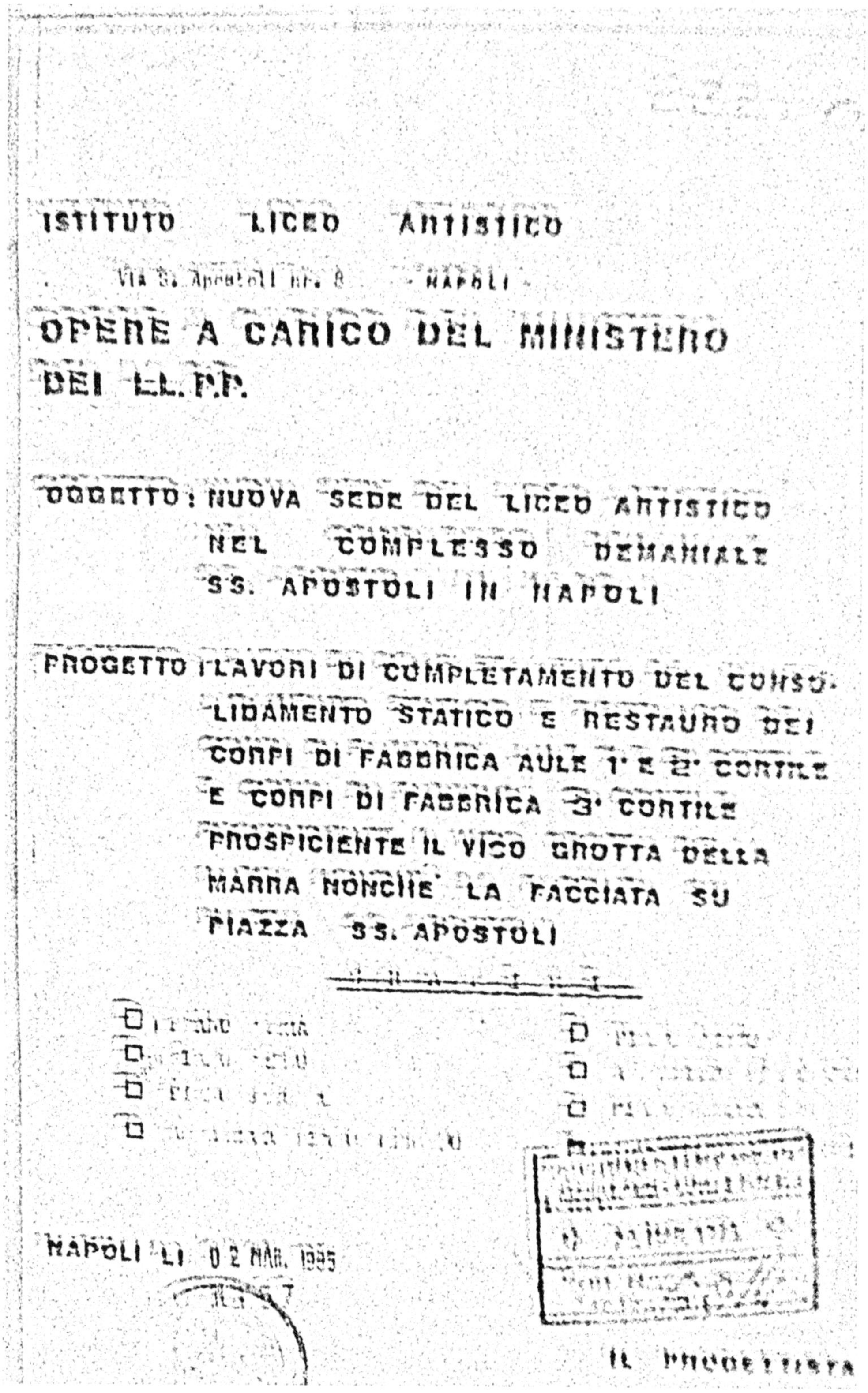

ISTITUTO LICEO ARTISTICO

Via SS. Apostoli nr. 9 - NAPOLI -

OPERE A CARICO DEL MINISTERO DEI LL.PP.

OGGETTO: NUOVA SEDE DEL LICEO ARTISTICO
NEL COMPLESSO DEMANIALE
SS. APOSTOLI IN NAPOLI

PROGETTO: LAVORI DI COMPLETAMENTO DEL CONSO-
LIDAMENTO STATICO E RESTAURO DEI
CORPI DI FABBRICA AULE 1° E 2° CORTILE
E CORPI DI FABBRICA 3° CORTILE
PROSPICIENTE IL VICO GROTTA DELLA
MARRA NONCHE' LA FACCIATA SU
PIAZZA SS. APOSTOLI

NAPOLI LI 02 MAR. 1995

IL PROGETTISTA

Dettaglio legenda

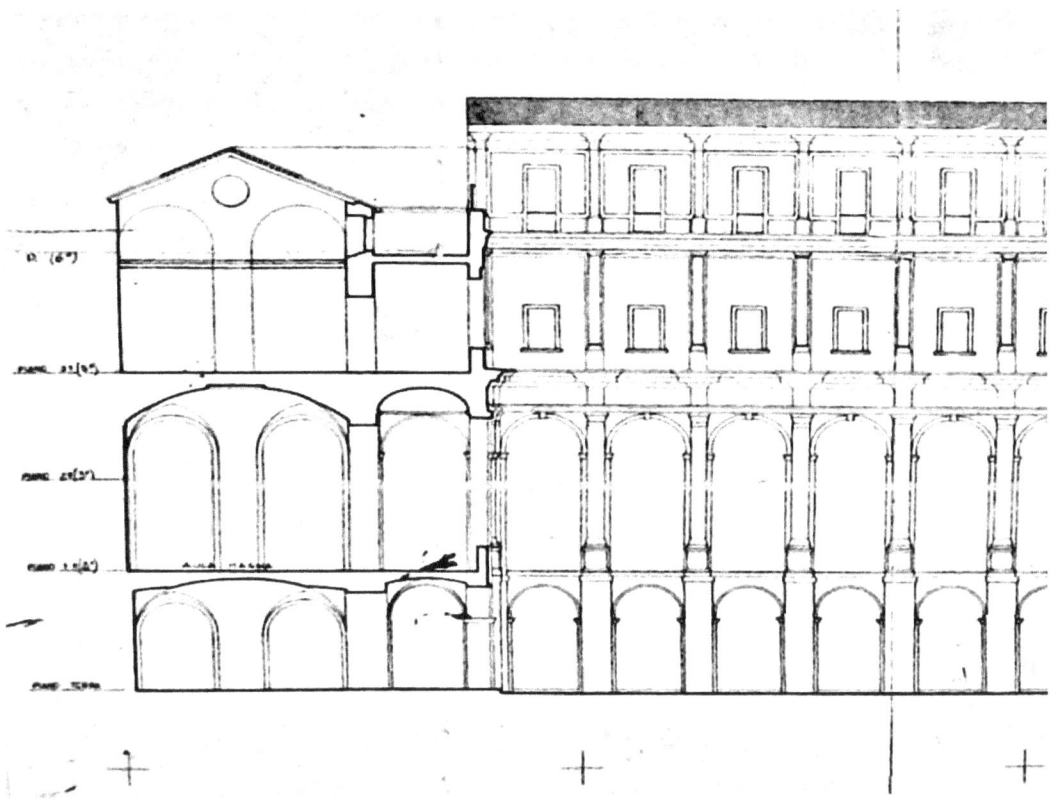

Dettaglio del prospetto fronte sud e porzione del fronte ovest, al secondo piano l'Aula Magna

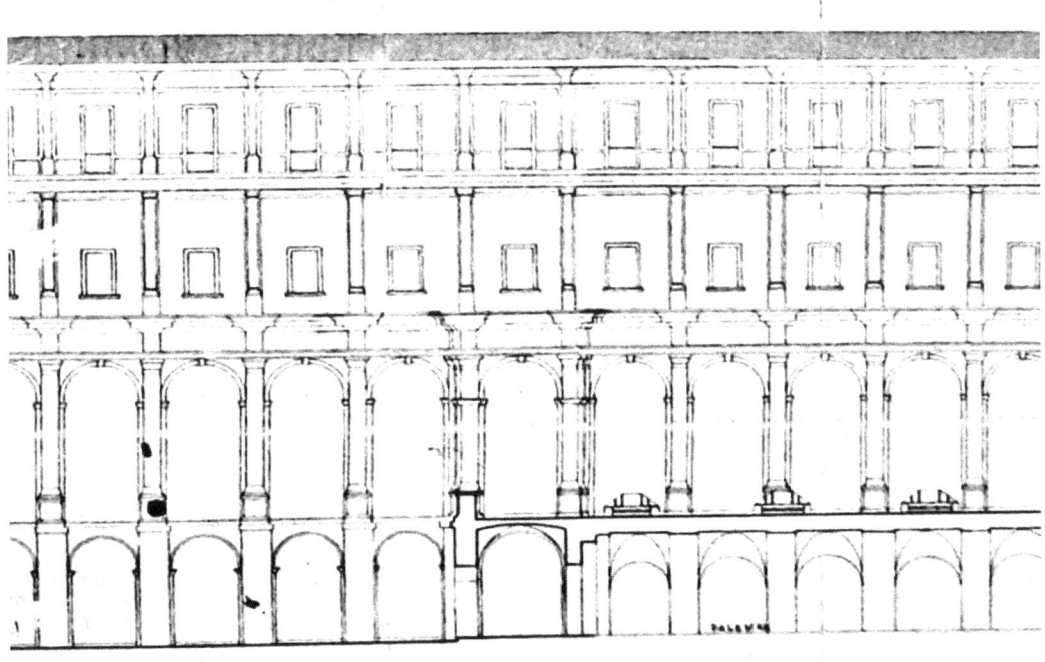

Dettaglio del prospetto fronte est, si vede il corridoio del Preposito chiamato "la passeggiata dei monaci" e il marcapiano del braccio centrale del chiostro.

Dettaglio del prospetto fronte nord

Per una corretta lettura del restauro si riportano le piante attuali del liceo, redatte a cura dell'architetto Vincenzo Sodano.

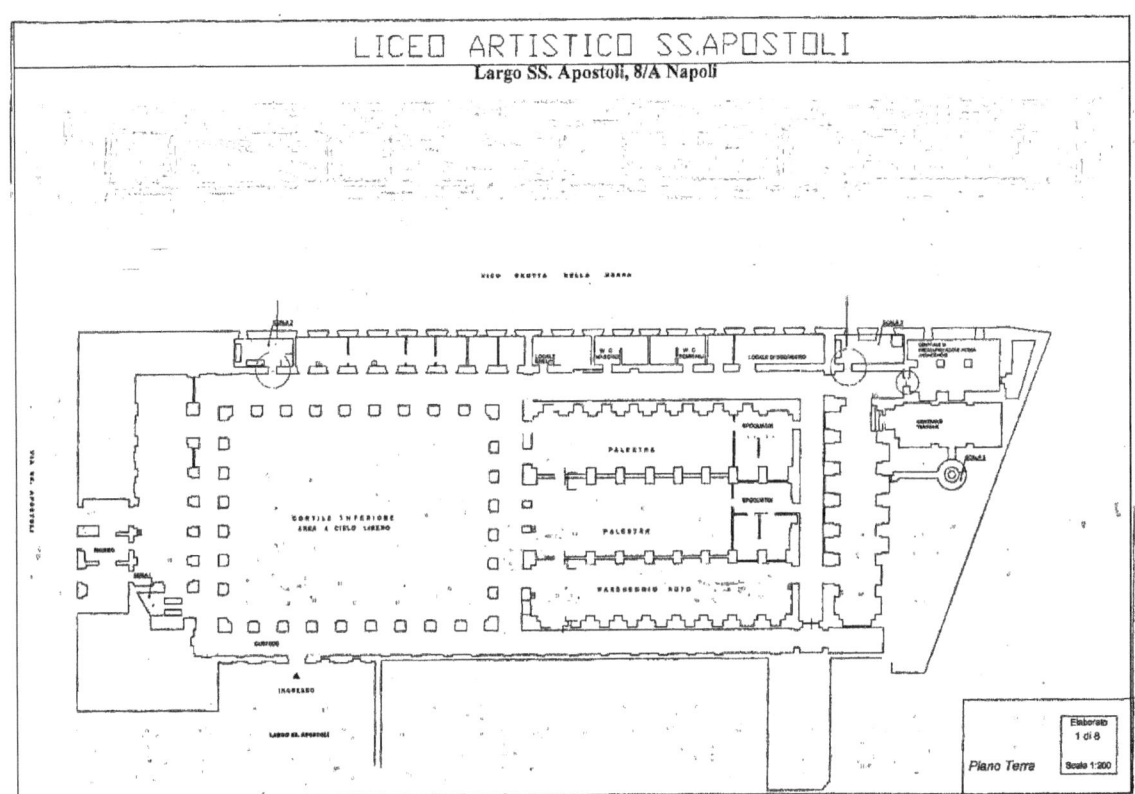

Pianta pianterreno

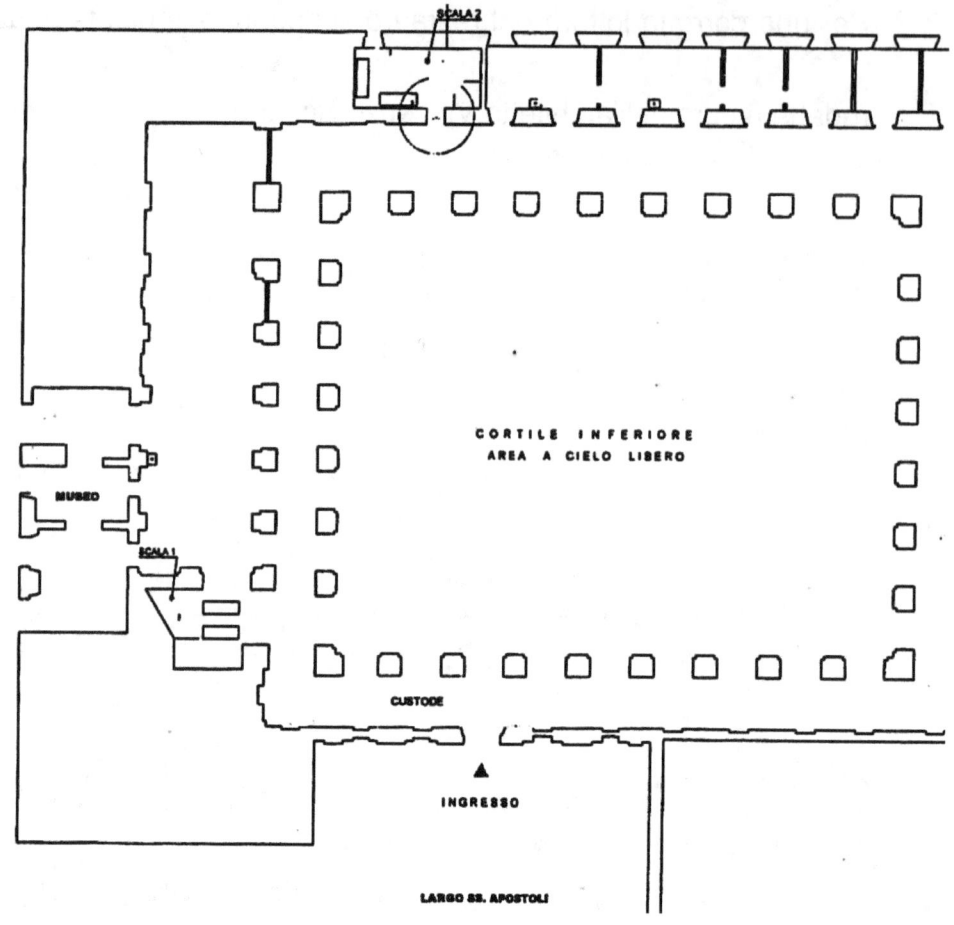

Dettagli pianta Pianterreno

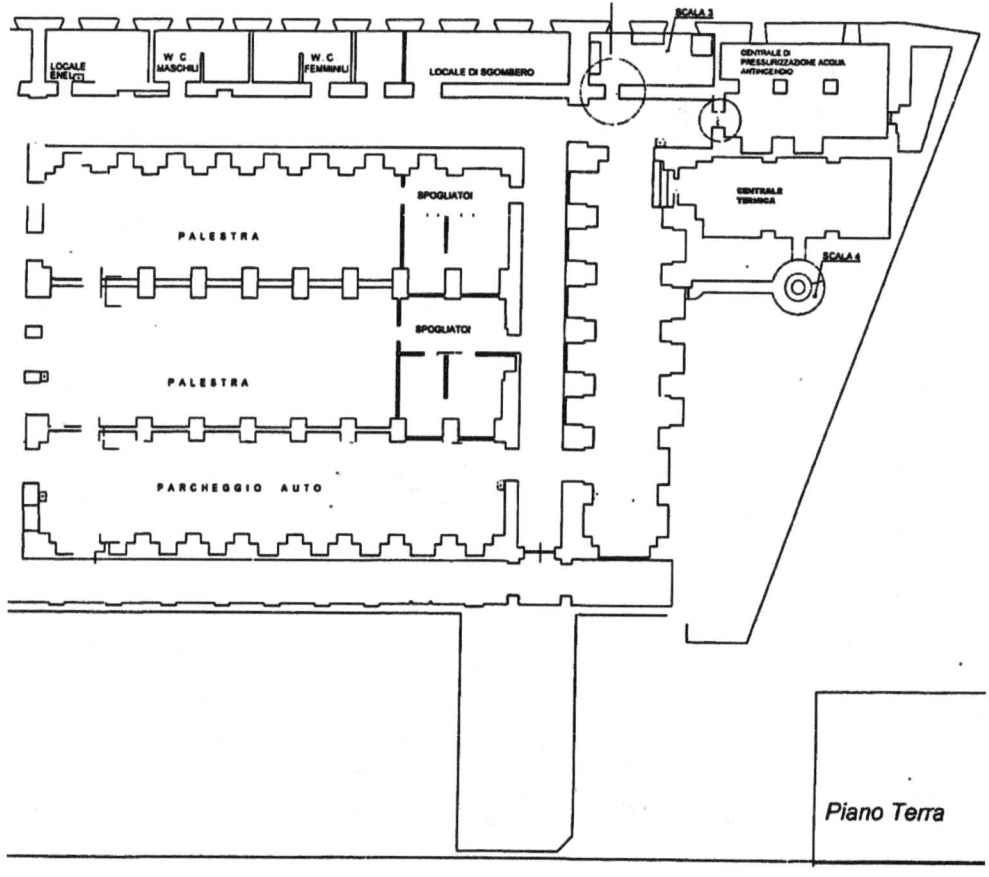

Piano Terra

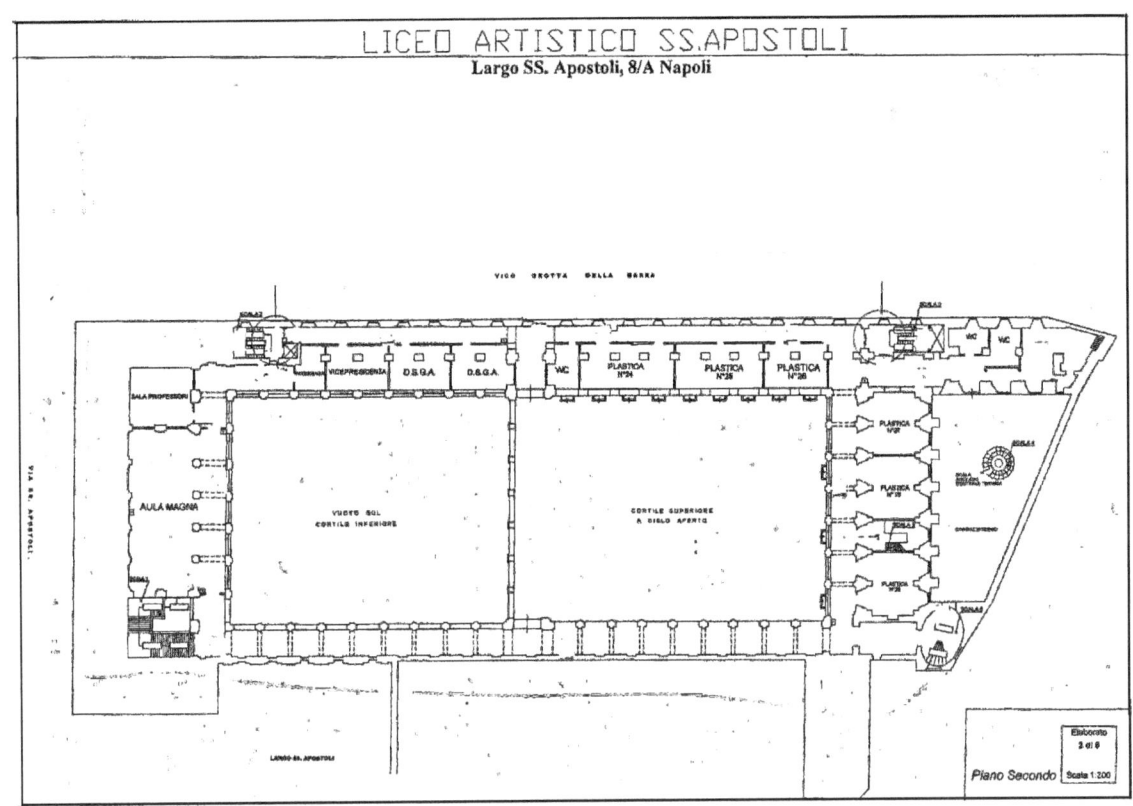

Pianta secondo piano

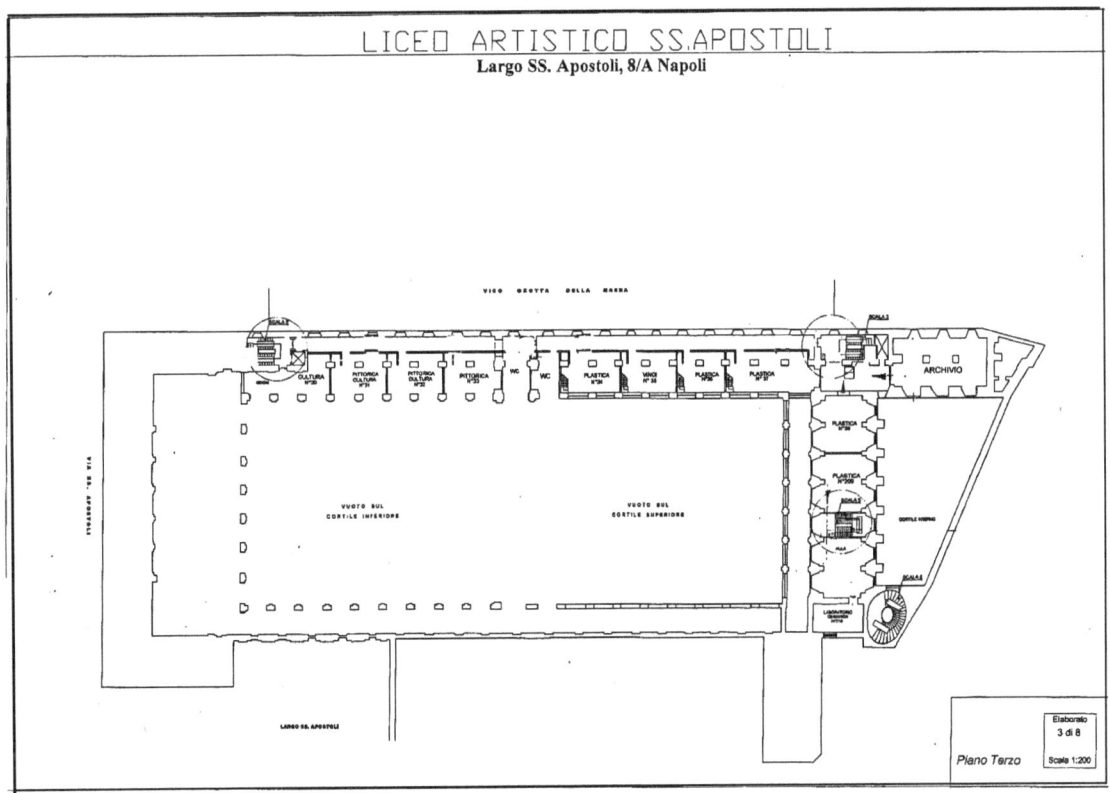

Pianta terzo piano

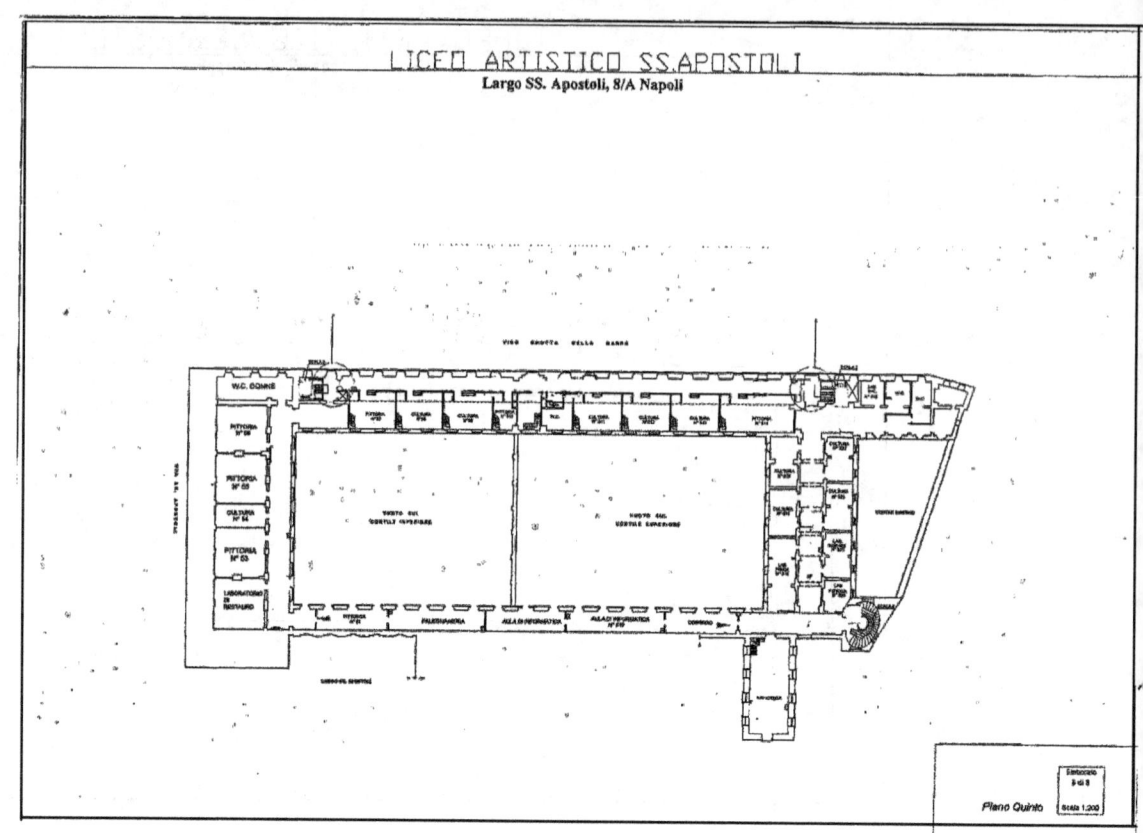

Pianta piano quinto

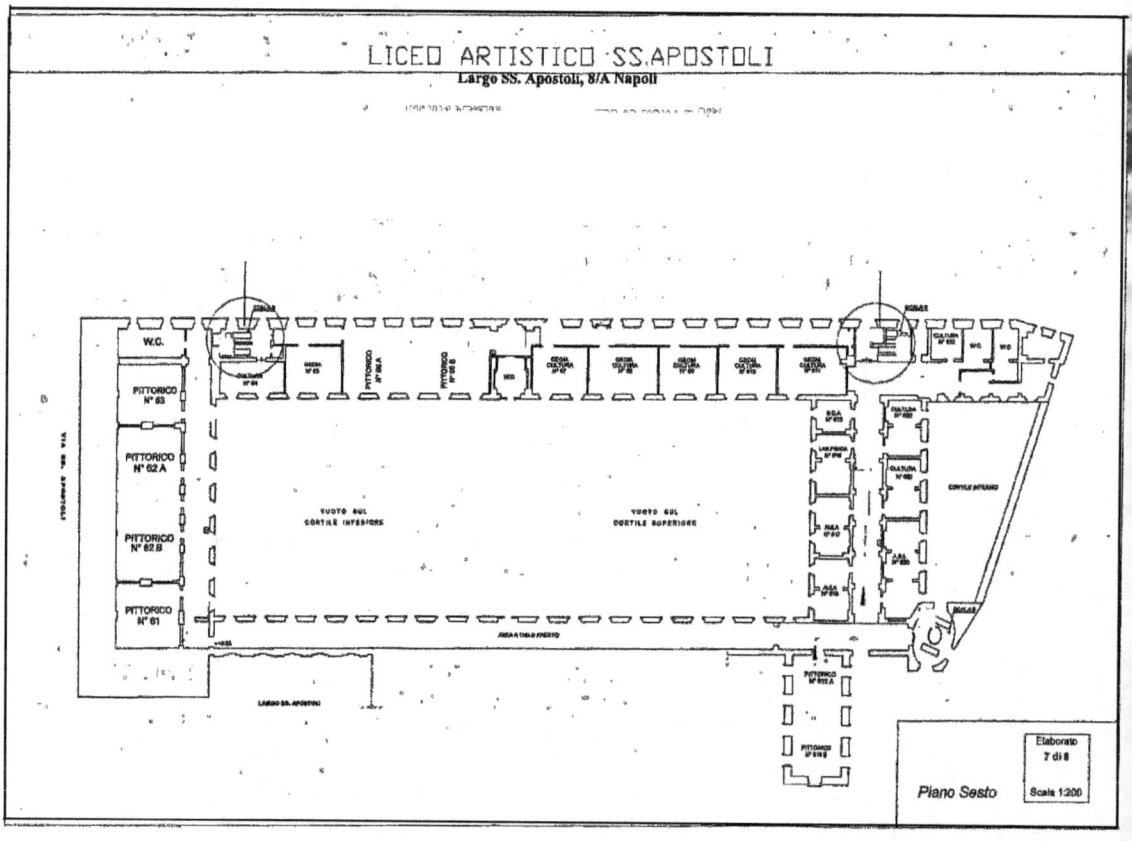

Pianta piano sesto

Il restauro è durato fino al 1988, ma già dai primi anni '80 alcune sezioni e la segreteria si spostarono nella nuova sede. La scuola dispone oggi di 68 aule, due palestre, l'Aula Magna, le segreterie, le stanze del dirigente amministrativo e del Preside. I metri quadrati coperti sono più di 7000mila. Oltre all'attività didattica il Liceo ospita mostre ed iniziative culturali.

Tutta l'opera di restauro ha richiesto un intervento finanziario di circa 17 miliardi di lire ed è stato definito come uno dei più importanti restauri portati a termine in quegli anni in Europa.[178] L'architetto Rispoli pensò al recupero non come ad un restauro fine a se stesso ma come ad un progetto che offrisse una forte carica dinamica, fosse anche uno sprone, nel territorio così delicato qual è il centro storico di Napoli, ad innesti tra cultura e i diversi strati sociali in un dialogo aperto in cui la scuola fosse il polo d'attrazione per iniziative volte alla riqualificazione del sociale. Nel rispetto dell'opera così meritoria si è voluta intitolare l'Aula Magna proprio all'architetto Mario Rispoli e sabato 19 dicembre 2009 si è svolta presso il Liceo Artistico di Napoli la cerimonia di intitolazione. Nel contesto di un multiforme impegno nell'ambito della città di Napoli, Rispoli ha anche ricoperto il ruolo di consigliere dell'Ordine degli Architetti di Napoli, per il periodo dal 1973 a tutto il 1980.

---

[178] P. Lombardi, *Op.cit.*, p.57

Nel Giugno 2010 il Liceo ha curato l'elaborazione di una proposta per l'inserimento del antico edificio nel Documento di Orientamento Strategico e Preliminare di Programma Integrato Urbano per il Centro Storico di Napoli,Patrimonio UNESCO (P.I.U.) , che al punto 4 prevede la strategia operativa per gli assi di intervento prioritari per le infrastrutture all'interno dell'area obiettivo 1: Centro storico/ Cittadella degli Studi, delle Arti e della Cultura. Il progetto si fonda nella convinzione che , all'interno del Liceo Artistico Santi Apostoli, si possa creare un Museo di Arte Contemporanea, che sia anche officina di sperimentazione e di dialogo con gli artisti della scuola, il territorio, i Musei che lo circondano.

Immagini / Architettura

Piazza dei Santi Apostoli con la facciata della Casa Teatina e la scalinata in piperno, progettata da Cosimo Fanzago, per la Chiesa dei Santi Apostoli nel 1685. (Aprile 2010)

Facciata del Liceo Artistico Statale di Napoli . (Marzo 2010)

Facciata, angolo e ingresso del Liceo. (Aprile 2010)

Il portale d'ingresso dei Santi Apostoli, sull'architrave lo stemma Teatino (Giugno 2010)

Particolari del portale d'ingresso e porta della Capella di Sant'Ivonne, su Via Santi Apostoli. (Aprile 2010)

Campanile e Cupola della Chiesa dei Santi Apostoli. Un tempo la cupola era maiolicata con embrici gialli e neri, rimossi nel restauro del 1980, mai rimessi. (Aprile 2010)
Interno chiostro dal lato Est (Aprile 2010)

L'edificio visto da nord. Prospetto Sud, Est, Ovest. (Aprile 2010)

L'ingresso dal giardino, si leggono i piani progettati dall'architetto Grimaldi. (Aprile 2010)

Vedute d'angolo: il terrazzo del secondo piano, parte del giardino. Lato sud: si notano il chiostro coperto, l'Aula Magna. (Aprile 2010)

Parcheggio interno nel giardino, corridoio nord, accesso locale caldaie. (Aprile 2010)

Gli ordini architettonici :tuscanico, dorico, ionico, marcapiano del chiostro superiore. (Aprile 2010)

Il giardino e il fronte nord del Liceo (Aprile 2010)

Chiostro del piano terra dal lato sud-est e dal lato d'ingresso alle aule del Liceo, si leggono le volte a crociera. (Aprile 2010)

Cupola del lucernaio della "lumaga", particolare del sesto piano e del campanile di Picchiatti. (Aprile 2010)

Le meridiane murali al quinto piano (Marzo 2010)

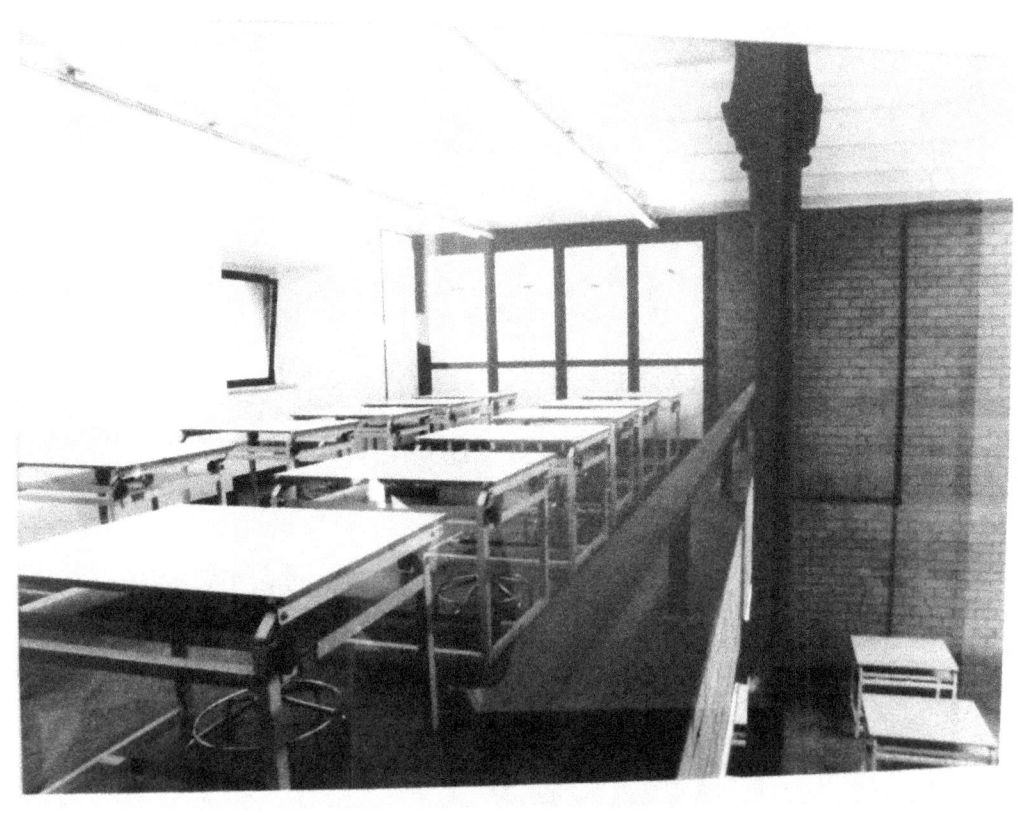

Aule del sesto e del quinto piano (Foto Archivio arch. V.Sodano)

L'aula 619 al sesto piano, un tempo magazzino alimentare per i monaci, la botola porta al sottotetto della torretta. (Aprile 2010)

Le scale A, lato sud-ovest e le scale B, lato nord-ovest. (Aprile 2010)

Biblioteca del quinto piano e particolare della scala lumaga che sale al sesto piano(Marzo 2010)

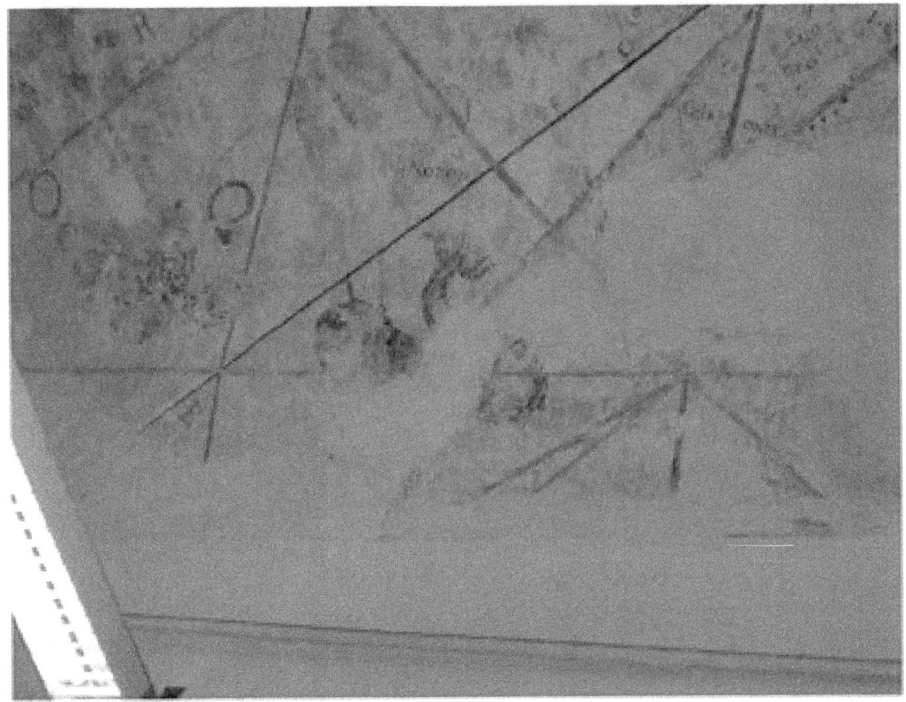

L'affresco in una delle antiche stanze di studio dei monaci, ora aula
(Aprile 2010)

Interno chiostro con il corridoio del secondo piano
(giugno 2010)

Il chiostro del cortile e i lavori degli allievi per la mostra di Maggio dei Monumenti. (Aprile 2010)

Particolare della struttura portante in ferro costruita per creare gli ammezzati (Giugno2010)

Il soffitto ligneo delle aule al sesto piano e la passeggiata dei monaci al secondo piano
(Marzo 2010)

I lucernai del secondo piano" il cappello del prete" progettato dall'Architetto Rispoli e i due lucernai che danno sulla sacrestia e sulla stanza del tesoro della Chiesa , al quinto piano. (Aprile 2010)

I due portoni che si affrontano al quinto piano: l'antica stanza del capitolo e la Biblioteca.(Marzo 2010)

Corridoi quinto piano. (Marzo 2010)

Supplica di San Gaetano, il dipinto seicentesco nell'aula dei professori (Marzo 2010)

Il crocifisso ligneo secentesco nell'aula dei professori (Marzo 2010)

La scala denominata" Lumaga". Usata dai monaci per far arrivare i muli al magazzino del sesto piano(Foto S. Gagliardi)

L' Aula Magna ,ora intitolata all'architetto Mario Rispoli (Foto archivio arch. V. Sodano)

La targa nell'Aula Magna (Aprile 2010)

La balaustra in marmo al secondo piano, recuperata dall'Architetto Rispoli. Il disegno richiama quello della scalinata d'accesso della chiesa. (Maggio 2010)

La balaustra secentesca sul pianerottolo dello scalone e l'atrio monumentale (Maggio 2010)

Particolari della balaustra secentesca. (Maggio 2010)

Particolare dello scalone che guarda alla passeggiata dei monaci al secondo piano. (Maggio 2010)

L'atrio monumentale, spesso adibito a mostre didattiche e particolare dello dello scalone in piperno. (Aprile 2010)

Lo scalone monumentale dell'atrio.
Demolito durante l'uso dell'edificio a Manifattura, fu
ricostruito dall'architetto Paola Rispoli (Maggio 2010)

Il giardino del Liceo e il Ginko Biloba regalo dell'Architetto Paola Rispoli. (Maggio 2010)

La facciata della Chiesa dei Santi Apostoli.
(Marzo 2010)

Particolare della facciata con le iscrizioni della fondazione. (Marzo 2010)

La cupola di Giovan Battista Beinaschi

La piscina probatica di Givanni Lanfranco

(Tratto da D.M.Pagano, L. Di Mauro, *Napoli Sacra, Guida alle chiese della città,* Napoli 1993)

Altare Pignatelli di Ferdinando Sanfelice

Altare Filomarino - particolare

(Tratto da D.M.Pagano, L. Di Mauro, *Napoli Sacra, Guida alle chiese della città*, Napoli 1993)

Appendice documentaria

Fonti documentarie

Biblioteca Nazionale di Napoli, fondo San Martino:

216(P. D. Guarini Luigi : Notizie sulla morte, sepoltura e tomba del Cavalier Marini, Sec.XIX)

471 e 472 (Platea della Ven. Casa e Chiesa di Santi Apostoli di Napoli fatta nell'anno 1697)

473 e 474 (Libro delle rendite e pesi della Casa dei Santi Apostoli. Il primo del secolo XVIII, il secondo va dal 1805 al 1809).

475-481 (Conclusioni capitolari della Casa dei Santi Apostoli)

497-499 (Miscellanea teatina. Sec.XVI-XVIII)

516 (Diario della Casa dei Santi Apostoli).

521 (Notizia della Casa di Santi Apostoli per D. Francesco Bolvito. Sec.XVII).

527 (Descrizione della Chiesa de' Santi Apostoli e spese fatte per la medesima. Tutto raccolto e descritto dal P.D. Luigi Guarini figlio della Casa de' Santi Apostoli. Sec. XIX).

546 (Costituzioni e regole del Ven. Oratorio e Monte di Santa Maria del Parto detto de' Dottori eretto dentro la Ven. Casa de' Santi Apostoli...Sec.XVIII).

572 (E' il sesto di dieci volumi dal titolo: Scritture varie per l'Ordine Teatino. Al fol. 109 è il disegno della Chiesa dei Santi Apostoli del Grimaldi, approvato e firmato nel retro da 27 teatini il 7 Luglio 1629).

678-680 (Libri della fabbrica della Ven. Casa de' Santi Apostoli de' RR. PP: Teatini. Sec. XVII-XVIII)

Tutti i documenti sono catalogati nel testo di Carlo Padiglione: La Biblioteca del Museo Nazionale nella Certosa di San Martino in Napoli e suoi manoscritti.

Archivio di Stato di Napoli

Monasteri soppressi, fasci 4119- 4149.

Decreti originali, voll. 27, 31,227 (n.1093), 230 (n. 1951).

Sezione Militare, Segreteria Antica, fascio 445

Sezione Militare, Ministero Guerra, fasci 1948, 2121.

Bibliografia

A. Caraccioli, F. Bolviti, *De Sacris Ecclesiae Neapolitana e Monumentis Singularis,* Napoli 1645, p.91, p.293.

M.Misson, *Nouveau voyage d' Italie, avec un memoire contenant des avis utiles a ceux qui voudront faire le meme voyage,* Tomo I, A La Haye, 1731

P. Sarnelli , *La vera guida de forestieri,* Napoli 1752, p.87

D. Romanelli, *Napoli antica e moderna*, 2 voll , Napoli 1815, p.85

L. Loreto, *Memorie storiche de' Vescovi ed Arcivescovi della Santa Chiesa Napolitana,*Napoli 1839, pp.25, 26

B. De Dominici , *Vita de pittori, scultori e architetti napoletani,* Napoli 1844, p.257

S. Micco , *Vita di Don Pedro da Toledo,* in Archivio Storico Italiano 9 (1846), p. 18.

L.Parascandalo , *Memorie Storiche –Critiche-Diplomatiche della Chiesa di Napoli* Tomo1-Napoli -1847, pp.72-73.

A.de Lauzieres, G. Nobile, R. D'Ambra *Descrizione della città di Napoli e delle sue vicinanze,* Napoli 1855, p.901

Celano C., *Notizie del bello, dell'antico e del curioso della citta' di Napoli ,* Napoli 1856, p.612, nella ristampa Napoli, 1970

Ceva Grimaldi, *Memorie storiche della città di Napoli dal tempo della sua fondazione sino al presente,* Napoli, 1857, pp.77-78

E. Biraghi, *La convenzione del 23 giugno 1868 per l'appalto del monopolio dei tabacchi nel Regno d'Italia,* Napoli 1868, p.45,46

G.A. Galante, *Guida sacra della città di Napoli,* Napoli 1872, p.66

M. Serao, *Il ventre di Napoli,* Napoli 1884

C. De Nicola, *Diario Napoletano 1798-1825,* Parte II, Napoli, Società Napoletana di Storia Patria, 1906, p.566

A. M. Bessone Aureli, *I dialoghi michelangioleschi di Francisco D'Olanda,* Roma, 1953

F. Bologna, *Di due tondi di Guido Reni,* in «Mostra del ritratto storico napoletano», Napoli 1954, p.105-106

F. Strazzullo, *La Chiesa dei Santi Apostoli a Napoli* Roma 1957, pp.12 e segg.

F. Bologna, *Francesco Solimena,* Napoli, 1958

F. Strazzullo, *La chiesa dei Santi Apostoli Napoli,* 1959, pp.43 e segg.

B. Croce, *Storia del Regno di Napoli,* Bari 1966, p.98.

G. Coniglio, *I Vicerè spagnoli,* Napoli 1967

D. Vizzari, *Notizie storiche della vita del venerabile P.D. Carlo Carafa,* Napoli, 1968

F. Andreu , I Teatini dal 1524 al 1974- sintesi storica, in « Regnum Dei», 1974 p.37

L. Puppi, I quattro libri dell'architettura di Andrea Palladio, Vicenza, 1976

C. Brandi, Teoria del restauro, Torino 1977, p.77

R. Di Stefano , Il recupero dei valori, Napoli, 1979, p.127

A. Illibato, Il Liber visitationis di Francesco Carafa nella Diocesi di Napoli (1542-1543) Roma 1983, p. XIV

T. Rey-Mermet, Il Santo del secolo dei lumi: Alfonso de' Liguori, Roma 1983

E. Nappi, I vicere e l'arte a Napoli,« Napoli nobilissima», v.22 (1983),nn.1-2, pp.41-57

G. Cantone, Napoli barocca e Cosimo Fanzago, Napoli, 1984

L. Spinelli , Disciplina di fabbrica e lavoro femminile: le operaie delle Manifatture Tabacchi(1900-1914), in Società e Storia, Milano, 1985, n°28 p. 333.

S. Savarese , Francesco Grimaldi e l'architettura della Controriforma a Napoli, Roma 1986, pp.9 e segg.

C. De Seta, Alessandro Baratta Fidelissima urbis Neapolitanae cum omnibus viis accurata et nova delineatio, Napoli 1986

G. Pane, V. Valerio , La città di Napoli tra vedutismo e cartografia, Napoli,1987,p.41

G. Alisio, *Napoli barocca*, Napoli, 1988.

U. Dovere, *Il buon vescovo secondo sant'Alfonso M.de Liguori*, Roma,1990

P. Rossi, *Le principali manifatture nel centro della capitale (1815-1860)*, in "Napoli un destino industriale", Napoli,1992 ,p.335 e segg.

G. Pedrocco , *Le operaie delle Manifatture Tabacchi*, in Operaie, serve, maestre, impiegate, a cura di P. Nava, Torino, 1992, p. 360

L. Giovanelli , *Vita di fabbrica delle sigaraie modenesi tra Otto e Novecento. Una ricerca sui registri disciplinari*, in"Operaie, serve, maestre, impiegate, a cura di P. Nava, , Torino, 1992, p. 373.

G. Pugliesi Carratelli ,*Storia e civiltà della Campania*, v.II, pp.166,167 , Napoli ,1992

D.M. Pagano, L. Di Mauro, *Napoli Sacra, Guida alle chiese della città,* , a cura di Nicola Spinosa,Gemma Cautela, Leonardo Di Mauro, Renato Ruotolo, Napoli 1993, pp.97 e segg.

E. Persico Rolando, *Affreschi di Belisario Corenzio nella SS. Annunziata di Napoli* in «Napoli Nobilissima»,(32), Napoli, 1993

D. Del Pesco , *L'architettura della Controriforma e i cantieri dei grandi Ordini religiosi* in Storia e civiltà della Campania, Napoli 1994.

P. Portoghesi, *Francesco Borromini*, Milano, 1994

A.Spinosa, *Cosimo Fanzago*, Pozzuoli, 1996

P. Rossi, *Il Neorinascimento e l'eclettismo:architettura ed architetti*,Napoli, 1997, p.110

G. Galasso, *Napoli capitale*, Napoli, 1998

D. Del Pesco, *L'architettura del Seicento*, Torino, 1998

AA.VV. *Atlante della storia dell'astronomia*, Firenze 1999, pp.88 e segg.

G. Cantone , *Napoli Barocca* , Bari 2002, p.29

I. Ferraro ,Napoli *Atlante della città storica,Centro Antico*, Napoli 2002, p.476 e segg.

E.,Schleier , *Giovanni Lanfranco : un pittore barocco tra Parma, Roma e Napoli* , Milano, 2002

G. D'Amore, *Il sigaro attuale di Cava*, in "Il Tabacco",11,2003,Salerno, p.55

A. Zezza, *Marco Pino : l'opera completa*, Napoli, 2003

N. Spinosa , A. E. Perez Sanchez, *Luca Giordano : l'immagine come illusione,* Napoli, 2004

Touring Club Italiano, *Napoli e dintorni*, Milano 2005, pp.39 e segg.

A. Valerio,*I luoghi della memoria. Istituti religiosi femminili a Napoli dal 1660 al 1861,* vol, II, Napoli 2006

A.Marciano , *Giovanni Antonio Dosio fra disegno dell'antico e progetto*, Napoli, 2008

O. De Rosa, *Margherita De Santis,storia di una sindacalista* nella Napoli del Novecento, Roma 2009, p.23 e segg.

R. Vicentini , *Margherita De Santis la sigaraia sindacalista*, in "Il Tabacco", Salerno, Marzo 2009, pp.16-17

A. Della Ragione, *Massimo Stanzione e la sua scuola, Napoli, 2009*

www.ingramcontent.com/pod-product-compliance
Lightning Source LLC
Chambersburg PA
CBHW060000240426
43666CB00037B/2660